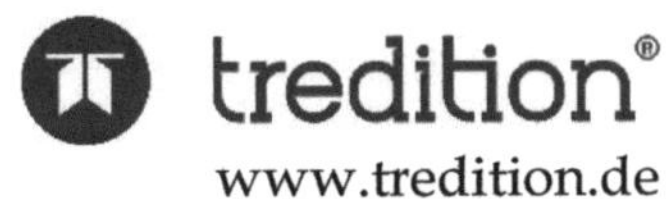

Astrid Gehring, Mirela Eskinja

Blicke in die Vergangenheit

Deutsch kroatische Erinnerungen

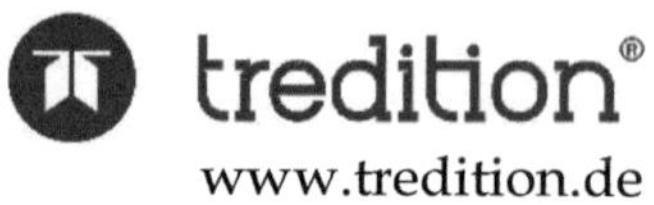

tredition®
www.tredition.de

Dr. Mirela Eskinja, geb. 1965 in Zagreb, stammt aus einer kroatischen Familie. Sie hat in Zagreb das Studium der chemischen Technologie abgeschlossen, in Wien in Naturwissenschaften promoviert und eine Psychotherapie-Ausbildung abgeschlossen. Sie lebt seit 1994 in Wien, arbeitet in einem Unternehmen sowie als Psychotherapeutin in freier Praxis.

Astrid Gehring, geb 1968 in Annaberg/Buchholz, im Erzgebirge der ehemaligen DDR. Seit 1970 in Schwedt/Oder lebend, absolvierte sie in Magdeburg ein Studium der Ökonomie und arbeitet anschließend in verschiedenen Mineralölfirmen. Als Heilpraktikerin für Psychotherapie widmet sie sich die letzten Jahre zusätzlich besonders der Unterstützung von gehörlosen Menschen.

Inhaltsverzeichnis

Einführung

Erinnerungen sind individuelle, subjektive Sichten der Vergangenheit. Geschichte ist ein objektiver wissenschaftlicher Blick auf das Geschehene. Geschichte bietet oft eine Interpretation der Vergangenheit an. Natürlich, auch Geschichte kann man fälschen - aus verschiedenen z.B. politischen oder emotionalen Gründen.

Erinnerungen dürfen nicht mit der Geschichte verwechselt werden, da sie oft nichts mit der Geschichte zu tun haben. Wenn Menschen, besonders ältere Menschen, über die Vergangenheit sprechen, sind sie oft sentimental und das vergangene Leben erscheint schöner als es je war, oder sie es damals beschrieben und erlebt hatten. Es kann sein, dass unsere Erzählungen Ihnen wie Geschichte klingen mögen, als Beschreibungen einer längst vergangenen Zeit, die es nicht mehr gibt, einer Zeit, die jüngere Leser nie erlebt haben, weil sie einfach dafür zu jung sind, oder sich mit diesem Zeitabschnitt auch nie beschäftigt haben, während bei den Älteren die Möglichkeit besteht, dass eigene Erinnerungen an eine bestimmte Zeit ihres Lebens (oder Situationen) hervorgerufen werden. Wie auch immer, wir behaupten nicht, in unseren Erzählungen die Weltgeschichte zu beschreiben. Wir glauben, dass in jeder persönlichen Erinnerung und jedem Erlebnis ein winzig kleines Körnchen der Weltgeschichte steckt. Viele Körnchen aneinander gereiht machen schließlich die Geschichte aus. Unsere beiden Körnchen, ein Körnchen aus Deutschland, präziser gesagt aus der ehemaligen DDR und ein Körnchen aus Kroatien, aus dem ehemaligen Jugoslawien, sind zwei Teilchen des großen Ganzes, unser persönlicher Beitrag zur Weltgeschichte.

Kennenlernen

Astrid, Juli 2018

Während eines Seminars in Wien im Juli 2018 zum Thema „Klartraum" lernte ich Mirela kennen. Sie erinnerte mich beim Eintreten in den Seminarraum sofort an eine Frau, welche mir von irgendwo her bekannt vorkam, in ihrem Kleid, mit ihrer Brille, mit ihrer Körpersprache. So als wäre ich ihr schon einmal begegnet oder hätte sie in einer Talkrunde im TV erlebt (obwohl ich zu diesem Zeitpunkt seit mehreren Jahren kaum den Fernseher anschaltete). Es ratterte in meinem „Oberstübchen". Als ich sie in den nächsten vier Tagen beobachte, erkannte ich eine große Ähnlichkeit zu einer Cousine des Vaters meines Sohnes, mit der ich mich gut verstehe. Doch diese Ähnlichkeit war nicht mein erster Eindruck beim Betreten des Raumes am ersten Tag, oder doch.?

Samstag und Sonntag nach Seminarschluss bummelten wir beide gemeinsam Richtung Wiener Zentrum, eine Frau aus dem ehemaligen Jugoslawien und eine aus der DDR. Neugierig auf die Geschichten und Erlebnisse aus der Kindheit der jeweils anderen, sprachen wir über die Familien und Familienstammbäume, über unsere Ausbildung und was uns im Moment und die letzten Jahre in der Freizeit interessierte. Wir entdeckten einige Gemeinsamkeiten, z. Bsp. unser Interesse an italienischer Sprache. Mirela spricht noch vier andere Sprachen und ich merkte im Gespräch und auch schon in den Seminarstunden, dass sie eine sehr interessante und gebildete Frau ist, ohne es „raushängen" zu lassen. Ihre Natürlichkeit und gleichzeitige angenehme zarte Zurückhaltung sprachen mein Wesen an. Erlebtes und Ähnlichkeiten in den Erinnerungen der Kindheit und Jugend im sozialistischen System schienen uns zu verbinden.

Ein kurzes Eintauchen in die Innenstadt von Wien, begleitet von einigen Erklärungen Mirelas zu wichtigen und architektonisch schönen Gebäuden, einem Park, einem Geschäft für nette Geschenkartikel, dann ein leckeres Buffet in einem vegetarischen Restaurant in der Nähe des Rathauses Wien, all dies ließ uns beide spüren, dass es der Beginn einer Freundschaft sein konnte. Als wir uns am Sonntag beim Flughafenbus am Schwedenplatz verabschiedeten, wünschten wir beide, dass es ein Wiedersehen gibt. Alles klappte gut auf meiner Heimreise und am nächsten Morgen in der Firma fragte ich Mirela über WhatsApp, ob sie sich an einen Traum in der Nacht erinnerte, da auch zwei Tage regen Austauschs über Träume mit den Kursteilnehmers hinter uns lagen. Sie verneinte. Allerdings eröffnete sie mir, dass sie beim Aufwachen, inspiriert durch unsere Gespräche in Wien, die Idee hatte, ein Buch mit kurzen persönlichen Geschichten zu bestimmten Themen über die „alte Zeit" zu schreiben und ob ich Lust hätte, es mit ihr gemeinsam zu wagen. Ich war freudig überrascht, besonders, weil ich schon seit geraumer Zeit mit dem Gedanken spiele und Lust verspüre einmal Erfahrungen auf Papier zu bringen.

Die positive Wirkung des Schreibens half mir schon vor einigen Jahren in einer schweren Lebenslage, wo ich manchmal einfach all meine Gedanken unter Tränen hinkritzelte und sie gleichzeitig zu konservieren suchte. Schreiben und Träume anschauen – zwei Themen, die uns bald fester verbinden sollten. Seitdem überlege ich, an welche Begebenheiten ich mich überhaupt noch erinnere, was könnte Leser dieser Geschichten vielleicht an ähnliche Situationen ihres Lebens erinnern, was war in meinen Augen typisch in der DDR, was bewegte mich damals, was prägte mich, was störte mich, was schränkte mich ein oder was sehe ich aus heutiger Sicht als Vorteil im alten System und zwar ausschließlich aus meiner Perspektive und Erfahrung.

Mirela, Juli 2018

Ich las die Zeilen, die Astrid über mich schrieb und die kamen mir irgendwie fremd vor, als ob sie von einer anderen Person geschrieben wären. Meine Brille? Meine Brille trage ich meistens in meiner Handtasche und meine Linsen nur, wenn es für mich sehr wichtig ist, etwas besonders scharf zu sehen und mich sicher zu fühlen. Oder wenn ich besonders schön aussehen will. Meine Brille, eigentlich meine Lesehilfe für weit entfernte Objekte, ist nie ein integrierter Teil meines Körpers oder meiner Persönlichkeit geworden. Ja, ich bin leicht bis mittel kurzsichtig und gehe durch die Welt ohne sie scharf zu sehen. Das hat sich schon öfter als Vorteil erwiesen – die Welt, und besonders die Menschen sehen öfter schöner aus, als sie es sind. Ich bemerke keine Flecken, selten die Hautfalten. Die Brille verwende ich zum Autofahren, im Kino, zum Fernsehen und ähnliches. Und ja, es stimmt schon, beim Klartraumseminar trug ich meine Brille – war mir nicht so wichtig wie ich aussehe. Immerhin wollte ich die Teilnehmergesichter scharf sehen. Es ist interessant und nicht wirklich erklärlich, aber wenn ich die Brille trage, dann höre ich auch besser. Das geschieht irgendwie automatisch. Ohne Brille bin ich konzentrierter und kann viel besser denken.

In ihrem Text schreibt Astrid, dass ich sie an eine Cousine des Vaters ihres Sohnes erinnerte. Ich musste lächeln, denn auch ihre Worte weckten in mir Erinnerungen an Worte, die ich vor mehr als 15 Jahren zum ersten Mal am Telefon gehört hatte: „Kann ich bitte den Markus sprechen? Ich bin die Mutter seiner Tochter". Ich brauchte damals einige Sekunden, um zu verstehen, was sie mit der Mutter seiner Tochter meinte. Ich wusste, dass Markus zwei Töchter hatte, welche der beiden meinte sie, welche war ihre Tochter? Natürlich hat jede Tochter eine Mutter, was sonst? Um was geht es hier eigentlich? All diese Fragen schossen mir durch den Kopf, ohne dass ich ein einziges Wort sagte. Dann endlich wurde es mir klar: Sie war die Ex von Markus, seine ehemalige Freundin. Die Phrase „die Mutter seiner Tochter" blieb mir im Gedächtnis, da sie ungewöhnlich und zugleich belustigend war. Gleichzeitig finde ich, dass dieser Ausdruck inhaltlich korrekt und passend ist, denn die Person, die ihn benützt, will sich selbst nicht als die „Ex" bezeichnen.

Deutsch ist eine Fremdsprache für mich. Auch wenn ich seit über 20 Jahren im deutschsprachigen Raum wohne und mittlerweile sogar auf Deutsch träume, ist die Sprache, die ich nun täglich spreche, doch ein wenig eine Fremdsprache geblieben. Fremd und doch nicht wirklich fremd. Es ist schwer, diese Sprache entweder als fremd oder als vertraut zu betrachten. So oder so, es wäre nicht wahr.

Schon als Kind sprach ich im Schlaf, schrie manchmal laut auf und weckte mit meinem Geplapper mich selbst und meine Schwester, die mein Zimmer teilte, auf. Ich spreche noch heute hin und wieder im Schlaf und manchmal höre ich mich selbst im Schlaf sprechen. Meine Träume ähneln Filme. Manchmal höre ich Musik im Schlaf, die sich in meinem Kopf, oder präziser gesagt in meiner Traumwelt, zu ganzen Konzerten verdichtet. Musik, die ich nie zuvor im Wachzustand, d.h. mit offenen Augen und bewusst gehört habe. Leider höre ich diese einmaligen, speziellen und dazu noch kostenlosen Konzerte nur sehr selten. Nach einer solchen ´konzertanten´ Nacht bin ich dann bestens gelaunt, schwebe durch meinen Tag und fliege durch die Welt. Nichts kann mich stören, nichts meine Stimmung verderben. Solche Tage sind herrliche Tage.

Meine Träume sind mir wichtig. Sie waren es, die mich dazu motivierten, das Klartraumseminar zu besuchen, wo ich Astrid kennenlernte. Es ist mir wichtig zu betonen, dass es sich um ein Seminar über Traum und Traumarbeit handelte, das von einer Psychologin, die auch Psychotherapeutin und Traumforscherin ist, geleitet wurde.

Astrid ist eine sportlich-elegant angezogene Frau. Alles passt gut zusammen: Die Farben harmonieren, die Modelle stehen ihrer feinen Figur. Astrid fällt nicht auf, aber man bemerkt sie. Sie hat ein schönes, warmes Lächeln, strahlend blaue Augen und hellblondes Haar. Ich erlebte sie als ein bisschen schüchtern und gleichzeitig sehr offen und neugierig, als eine Frau, die mutig ihre Gedanken und Meinungen mitteilt und ihre eigenen Ansichten vertritt. Aber das wichtigste für mich ist die Wärme, die sie ausstrahlt. Als wir ins Gespräch kamen und sie mir erzählte, was sie in der Stadt, in der sie lebt, alles initiiert hatte, wurde mir klar, dass Astrid eine sehr unternehmungslustige Person ist, die andere mitreißen kann. Ich dagegen bin eher eine Einzelgängerin, die wohl ebenso andere inspirieren und mitziehen kann sofern es sich um Bekannte und Freunde handelt. Bei Astrid habe ich den Eindruck, dass sie für die Gesellschaft handelt und ihren Beitrag auf einer ganz anderen Ebene leistet und dadurch nicht nur ihr eigenes Leben, sondern auch die Welt um sich zu einem gewissen Ausmaß verändert. Dank dieser Gabe und Astrids Enthusiasmus, ihrer Bereitschaft zu handeln, entstanden auch unsere Geschichten. Es ist nicht leicht, jemanden zu finden, der bereit und willens ist, etwas mit einem anderen zu probieren und seine Zeit und Energie in Unbekanntes zu investieren.

Während wir Richtung Wiener Innenstadt gingen, sprachen wir miteinander so, als ob wir uns schon lange gekannt hätten. Unser Gespräch floss leicht dahin und war anregend und interessant. Wir legten Kilometer um Kilometer zurück, Astrid in ihren Stöckelschuhen und ich in meinen relativ flachen Sandalen. Die hohen Absätze schienen sie trotz des langen Weges nicht zu stören, zumindest beklagte sie sich nicht. Die Sonne schien, der Himmel war blau, die Temperatur angenehm und wir gingen und sprachen.

War es unsere sozialistische Vergangenheit, die uns verband? Es kam mir schon öfter in den Sinn, dass „Normalsterbliche", die älter als fünfunddreißig sind und aus dem ehemaligen Ostblock stammen, warmherziger sind als Menschen aus dem Westen. Der Osten, der Westen, die Welt, das Leben. Ich erlebe die „Ossis" als warmherzigere Personen. Das soll nicht heißen, dass „Wessis" kalt sind, auf keinen Fall. Ich hatte in meinem Leben das große Glück, Menschen aus der ganzen Welt kennenzulernen. Meiner persönlichen Erfahrung nach waren aber jene aus meiner Altersgruppe, die aus Polen, Estland, Litauen, Ungarn, Tschechien, Rumänien etc. kamen, eine Spur wärmer als alle anderen. So empfand ich es wenigstens. Ist das die „ehemalige sozialistische Frequenz", die wir ineinander sofort erkennen und spüren, oder ist es nur meine Einbildung? Ich dachte oft, dass dieses gegenseitige Erkennen an den Warteschlangen liegen muss, in denen wir oft für Kaffee, Zucker, Öl, Bananen, Benzin und viele andere Artikel anstanden. Ist etwas Mangelware, dann bilden sich Warteschlangen und der Preis steigt. Das gilt auch für den Kapitalismus. Allerdings stellte man sich in der sozialistischen Zeit auch dann in die Reihe und wartete, wenn man die gerade angebotene Ware nicht unbedingt brauchte oder nicht einmal wusste, was hier gerade verkauft wurde. Es gab in diesem System viele Warteschlangen. Einige Artikel hatten einen besonderen Wert, weil es sie so selten am Markt gab. Zum Beispiel Kaffee und Bananen – wer brauchte keinen Kaffee oder wollte keine Banane für sein Kind? Auch Benzin war eine Mangelware. Erst viel später erfuhr ich, dass nicht nur mein Land von der Ölkrise betroffen wurde. Für uns im damaligen Jugoslawien war das Autofahren nur jeden zweiten Tag erlaubt, abhängig davon, ob das Kennzeichen mit einer geraden oder einer ungeraden Zahl endete. Natürlich wollte jeder, der ein Auto besaß, fahren. In Österreich gab es damals ähnliche Beschränkungen, von denen ich allerdings nichts wusste. Um dazuzulernen, sich der Dinge bewusst zu werden, muss man ein gewisses Alter erreicht und etwas Lebenserfahrung gewonnen haben. Weit offene Augen, der Wille und eine Portion Mut ermöglichen es, aus einer bestimmten zeitlichen Distanz auf das Erlebte zurückzu- blicken und das zuvor nicht Gesehene neu zu entdecken.

Aus heutiger Perspektive gesehen, einer Zeit des Überflusses, in der wir fast alles haben - auf jeden Fall mehr als wir brauchen - klingt das alles unglaublich. Für die jüngeren Generationen klingen meine Beschreibungen wahrscheinlich unvorstellbar. Ich aber bin überzeugt, dass sich diese Warteschlangen in unser System und jede unserer Körperzellen eingenistet haben, dort ein eigenes Leben führen und uns von dort aus steuern, öfter als es uns bewusst wird, ein Leben lang. Diese Erfahrungen sind wohl nicht auszumerzen, haben aber den Vorteil, uns ein Gefühl für die Realitäten der Gegenwart zu geben.

Die Geschichten, die Sie, liebe Leser und Leserinnen, hier vor sich haben, sind aus meiner Sicht Geschichten aus „alten Zeiten", nicht der „guten alten Zeit", das möchte ich betonen. Ich weine der alten Zeit nicht nach. Ich beschreibe sie, wie ich sie damals erlebte, oder wie ich sie jetzt mit einem großen zeitlichen Abstand sehe und in Erinnerung habe. Es ist die Zeit, die mich heute prägt und mich zu dem Menschen machte, der ich heute bin.

Astrid, Juli 2018

Mirelas Zeilen in, will mal vorsichtig sagen, verbesserungswürdigem Deutsch oder vielleicht einer mir wenig vertrauten österreichischen Ausdrucksweise (der Text wurde mittlerweile korrigiert), waren mir sofort sympathisch, denn sie erinnerten mich an die deutsche Gebärdensprache und deren Grammatik, die ich seit anderthalb Jahren lerne, die Satzweise fast immer verdreht, aus Gründen der leichteren Verständlichkeit für Gehörlose. Ich schmunzelte beim Lesen.

Schon der erste Absatz Mirelas über die Brille, machte mich nachdenklich. Als ich vor fast genau 10

Jahren in oben schon erwähnte Lebenskrise stürzte, saß ich oft im Wintergarten auf der Couch, starrte in den Garten ohne ein Ziel ins Visier zu nehmen. Ich war so in meine Gedankenwelt versunken und wollte, glaube ich, auch nichts wirklich scharf sehen. Vermutlich durch diese Verhaltensweise, etwa 3-4 Jahre, bis ich langsam die Krise von allen Seiten betrachtet hatte und sich etwas in mir zu wandeln begann, sagten sich meine Augen wohl, sie werden nur noch selten zum Scharfsehen gebraucht und ich büßte einen Großteil ihrer Leistungskraft ein.

In dieser Krise wurde ich zu einer „Ex-Frau", doch diese Bezeichnung nutzte ich nie für mich. Für mich ist es wichtiger, den Vater meines Kindes als Vater meines Kindes zu benennen, denn meine Gefühle für ihn haben sich zwar gewandelt, doch sie sind zu meinem Glück liebend geblieben und ohne Hass oder negative Tendenzen, wie ich es oft von anderen Menschen kennengelernt oder gelesen habe. Deshalb finde ich das Wort „Ex" für meinen Sprachgebrauch unpassend.

Dann las ich weiter und erfuhr etwas zu Mirelas Schlaf- und Traumverhalten. Ich beneide sie um die Konzerte, die in ihr klingen, ich kann mich an keinen Traum erinnern, in dem ich Musik, geschweige denn Konzerte gehört habe. Mal schauen, was noch kommt. In meinen Träumen tauchen sehr oft die schönsten, interessantesten und fantastischsten Häuser, Burgen und nie gesehene architektonischen Gebäude auf. Sie begeistern mich mit ihren verschiedensten Formen, den Räumen und rufen bisher fast

ausnahmslos angenehme Gefühle in mir wach und
ich genieße es, vor und in den Häusern Zeit zu verbringen. Dann frage ich mich, woher kommen diese
Bilder des Nachts, was geben sie mir zu verstehen
oder was soll ich klarer sehen lernen. Ich liebe es zu
träumen und mich dann mit den Inhalten zu be-
schäftigen.

Ein Traum meiner Kindheit hat mich oft besucht
und ich habe viel über ihn nachgedacht. Erst vor geraumer Zeit, kurz nachdem mein Vati im April 2017
verstarb, eröffnete sich für mich ein Sinn darin.

Es gab ein Schwimmbecken, in dem mein Vater
und ich gemeinsam sind. Das Wasser ist völlig dunkel. Ich schwimme ständig an die andere Seite des
Beckens, um meinen Vater zu erreichen, doch in dieser Zeit schwimmt er auf meine Seite, um mich
ebenfalls zu erreichen. Und so geht es einige Male,
ohne dass wir zueinander finden.

Dieser Traum ängstigte mich zu verschiedenen
Zeiten während meiner Kindheit, bis ich vielleicht
20 Jahre alt war. Ich glaube, als ich selbst eine Mutter wurde, änderte sich der Kontakt zu meinem Vater, er wurde enger. Genau kann ich es heute nicht
mehr identifizieren, doch ich vermute, dass es vielleicht etwas damit zu tun hatte, dass ich während
des Studiums schwanger wurde und einen Sohn geboren habe und dennoch mein Studium mit Erfolg
in der vorgesehenen Zeit schaffte. Ein Studium eines
ihrer Kinder war meinen Eltern, fühlte ich, ziemlich
wichtig. Mir hat zwar der Kontakt zu meinem Vater
als Kind nicht gefehlt, jedenfalls empfinde ich es be-

wusst so aus heutiger Sicht, doch vielleicht wollte ich unterbewusst als Kind in einigen Situationen von meinem Vati gerettet werden. Ich hatte damals den Eindruck, dass er mehr mit meiner Schwester anfangen konnte als mit seiner jüngsten Tochter. Diese mögliche Deutung meines Traumes war mir jedoch erst vor kurzem bewusst geworden.

Viele Worte zu Mirelas Eindruck über meine Person, bewegen mich und schmeicheln mir. Am stärksten reagiere ich auf die Aussage, dass Mirela es als schwer einschätzt, jemanden zu finden, um gemeinsam etwas auszuprobieren. Ich habe mir schon lange gewünscht, dass einmal jemand zu mir kommt und wünscht, ein Projekt gemeinsam zu starten, gemeinsam Ideen zu kreieren, Zeit und Energie aufzuwenden. Einige Dinge im Leben scheinen lange Zeit zu brauchen, um dann ganz plötzlich, fast ohne Zutun hervorzubrechen wie die Erklärung eines Traumes oder die Erfüllung eines Wunsches.

Mirela, Juli 2018

Entschuldigt, liebe Leser und Leserinnen, dass ich Ihnen noch aus meiner Sicht erkläre, wie wir dazu kamen, unsere Erinnerungen niederzuschreiben.

Nach unserem Traumseminar, das um die Mittagszeit zu Ende war, hatten wir noch etwas Zeit, die wir mit einem Gespräch während eines Spazierganges durch Wien verbrachten. Nach einem gemeinsamen Mittagessen begleitete ich Astrid zum

Flughafenbus am Morzinplatz, wo sich unsere Wege trennten, und fuhr von dort mit der U-Bahn nach Hause. Das war am frühen Nachmittag eines warmen Sonntags im Juli. Als ich Montag früh ohne die üblichen, störenden Töne meines Weckers aufwachte, kam mir die Idee, dass Astrid die geeignete Person wäre, um mit ihr ein Buch zu schreiben, in dem wir unsere Leben in zwei sozialistischen/kommunistischen Ländern vergleichen könnten. Der Gedanke an ein solches Projekt elektrisierte mich und beflügelte meinen Tag.

Während des Zähneputzens überlegte ich, ob Astrid möglicherweise bereit sein würde, ihre Zeit zu investieren, um ihre eigene Geschichte, niederzuschreiben, was ich sehr hoffte. Ich nahm mir fest vor, Astrid mit meiner Idee zu konfrontieren, aber erst einmal, es war Montagmorgen, zur Arbeit zu gehen - was sonst.

Ich hatte schon immer mit dem Gedanken gespielt, ein Buch zu schreiben, allerdings nicht alleine, sondern zu zweit oder gar zu dritt. In einer solchen Schreibkonstellation kann man wahrscheinlich keine Romane schreiben, wenn doch, dann bin ich noch nicht auf solche gestoßen. Hier bieten sich eher kurze Geschichten an, in welchen ein Austausch der Meinungen und Gedanken stattfindet, die verglichen, ergänzt und diskutiert werden können. Ich dachte immer wieder an Ephraim Kishon und seine spezielle Form von Satire, die Millionen von Menschen lasen. Nicht dass ich es wagen würde, mich mit Kishon zu vergleichen, doch ich weiß, dass ich oft gute Ideen habe, die ich aber ohne einen geeigneten Schreibpartner nicht umsetzen kann. Vor ca. sechs Jahren gab es einen Versuch mit einem Schulkollegen, der wie er sagte, ebenfalls gerne schreibt und Interesse an einem gemeinsamen Projekt zeigte. Mit großem Enthusiasmus stürzte ich mich in unser gemeinsames Schreibabenteuer, das aber bereits nach Seite drei kläglich endete. Mein Schulkollege und ehemaliger Klassenkamerad war redlich bemüht, Kritik an meinem Text auszuüben, er erklärte mir akribisch, was zu ändern sei und wie ich meinen Stil verbessern sollte, ja müsste. Er selbst schrieb keine Zeile, kein Wort. Es mag sein, dass es ein Missverständnis zwischen uns gab, oder vielleicht nahm er mich und meine Ambitionen einfach nicht ernst. Ich aber suchte keinen Lektor, sondern einen Schreibpartner, der Interesse an meinen Ideen zeigte. Schade! Aus einer gewissen Naivität oder gar Dummheit, nahm ich seine Worte und seine Kritik sehr ernst und war sehr enttäuscht, dass nichts aus unserer gemeinsamen Arbeit wurde. Oft verwirklichen sich eben unsere Wünsche nicht. Manchmal haben Menschen wohl Wünsche, aber nicht die Eigenschaften und die Kapazität sie auch umzusetzen. Es fehlt auch oft der Mut, sich selbst oder den anderen diesen Mangel einzugestehen. Ein Vorhaben scheitert oft in dem Moment, in dem man begreift, dass die Verwirklichung eines Wunsches Mühe und Zeit kostet. Wie auch immer, jetzt habe ich wieder eine potentielle Schreibpartnerin!

Manche Montage fangen wirklich gut an! Kurz nach meinem Eintreffen im Büro fragte mich Astrid per What's App, ob ich luzid träumte. Nein, dass käme nicht vor, antwortete ich, doch wachte ich mit einer neuen Idee auf und ich schilderte ihr, was mir des Morgens durch den Kopf gegangen war. Und das in meiner Arbeitszeit! Meine Idee gefiel Astrid so gut, dass sie mir wenige Minuten später schon mit einer Zusage antwortete. Juhuuu! Ich war begeistert. Diesmal war ich mir ziemlich sicher, dass es Zusammenarbeit geben und diese nicht in einer Überwachung meines Tuns enden würde. So fing alles an.

Kindheit in der DDR

Astrid, Juli 2018

Es war in meiner Kindheit üblich, dass wir Kinder in unserer Freizeit eine Sportart betrieben oder einen Zirkel besuchten, in dem wir eine unserer Interessen ausleben konnten. Ich sah dies in meiner Familie und auch in vielen Familien der Nachbarschaft. Jedoch war es damals unüblich, dass ein Kind erst einen Zirkel ausprobierte, wenn es ihm nicht gefiel einen anderen und auch in meiner Familie hieß es: einmal entschieden, Zähne zusammenbeißen und weiter machen. Sicher kann dies den Vorteil haben, dass ich als Kind lernte durchzuhalten, doch andererseits verwehrte es auch die Möglichkeit, sich auszuprobieren und vielleicht eine viel passendere Sport- oder Interessengemeinschaft zu finden und mehr Vielfalt zu leben. Ich habe schon als Kind gern getanzt und zum Glück meine Sportart auf Anhieb gefunden, was nicht heißt, dass es auch Tage oder auch Wochen gab, wo ich wenig oder sogar keinen Antrieb verspürte oder einfach faulenzen wollte, oder lieber spielen oder fernsehen schauen am Nachmittag. Bis heute ist mir die Liebe zum Tanz geblieben, indem ich heute als Trainerin für Salsa mit viel Spaß in Tanzkursen meiner Leidenschaft nachgehe. Meine Schwester war eine gute Schwimmerin in der Schwimmsporteinrichtung, die dem Träger, dem Petrolchemie- und Kraftstoffkombinat, in dem meine Eltern als Laborantin und Chemiker arbeiteten, angeschlossen war. Ich erinnere mich, dass sie nach den Wettkämpfen stets Medaillen mit nach Hause brachte. Mein Sportverein wurde die Tanzgruppe im Kulturhaus „Arthur Becker" in meiner Stadt Schwedt nahe der Oder. Dort trainierte ich von der 1.-12. Klasse. Das Kulturhaus war ebenfalls dem Werk angeschlossen, was zu DDR-Zeiten gängige Praxis war. Betreut und unterrichtet hat die vielen Kinder all die Jahre das Ehepaar Jäger, welches Tanz studiert hatte. Getanzt wurde nach Klaviermusik, welche, mit viel Liebe, Frau Löwe spielte. Im Großen und Ganzen sind mir die Jahre dort, der Unterricht, die Auftritte zum Fasching, Auftritte für die Festveranstaltungen zu Jugendweihen oder zu bunten Abenden für die Werktätigen des Petrolchemischen Kombinates in guter Erinnerung. Wir Mädchen, es gab höchsten 3-4 Jungen in meiner aktiven Zeit in der Tanzgruppe, verstanden uns gut. Es entwickelten sich viele Freundschaften und meine Freundin Annett, die ich dort in der Tanzgruppe 1978 kennenlernte, nenne ich heute meine beste Freundin. Uns verbindet ein enger und intensiver Kontakt. Seit einigen Jahren lebt sie wieder mit ihrer Familie in Deutschland, zwar 600 Kilometer von mir entfernt, doch schon 4 Jahre genehmigen wir uns jedes Jahr eine kleine Reise von 3-4 Tagen ohne Familie in eine Stadt, die wir gemeinsam mit viel Spaß erkunden, mit guten Gesprächen füllen und Neugier auf das Neue, was uns begegnet.

Und was mich zu dieser Erinnerung sagen lässt, dass Frau Jäger einige Kinder bevorzugte, während ihr Mann zu allen Kindern ein unparteiisches, fast wohlwollend väterliches Verhältnis lebte. Während Frau Jäger manchmal in einer ziemlich schmerzlichen Art ein Kind mit Worten verletzte, z.B. wenn es ihre Tanzansprüche nicht befriedigte, war Herr Jäger stets eine Person, um den zugefügten Schmerz wieder zu vergessen. Manchmal hatte ich das Gefühl, in der Gunst meiner Trainerin zu stehen, ein andermal war ich wohl nicht ausdrucksstark und choreographisch korrekt, wie es ihr vorschwebte. Einmal im Jahr zur Weihnachtszeit erlebten die Gruppen ein gemütliches Zusammensein, eine kleine Feier nach dem Training. Wir sangen gemeinsam Weihnachtslieder, aßen Kekse und andere Naschereien und für gute Leistungen einzelner Kinder wurden Bücher zur Anerkennung überreicht.

An ein Jahr erinnere ich mich, das Training war zu Ende und wir stellten uns um das Klavier auf und sangen einige Weihnachts- und Winterlieder. Ich mag singen und deshalb machte es mir viel Spaß. Wir sangen „Schneeflöckchen, weiß Röckchen" aus vollen Kehlen, es klang super in meinen Ohren. Als die letzten Worte der den meisten bekannten Strophe „dann schlafen sie sicher in himmlischer Ruh" verklangen, holte ich Luft und begann eine weitere Strophe. Wo ich diese gelernte hatte, ist mir heute ein Rätsel, doch ich hatte sie so verinnerlicht, dass mir unklar war, dass ich die einzige bin, die diese Strophe kennt. Frau Jäger hob sofort ihre Stimme in dem Tonfall, in dem sie ihren Unmut zu einem Schüler aussprach und schmetterte mir so etwas entgegen wie: „Das Lied ist ja wohl zu Ende. Möchte mal wissen, was du noch singen willst". Ich antwortete: „Doch, ich kenne noch eine Strophe". Sie darauf: „Das will ich hören". Ich sang: „Schneeflöckchen weiß Röckchen, du glitzerst so fein, du könn`st ja ein Sternlein am Weihnachtsbaum sein". Sie war erstaunt und brachte hervor: „Du kannst ja richtig gut singen, dass wusste ich gar nicht". Ich strahlte zufrieden, dass sie sich getäuscht hatte und Stolz erfüllte meine Brust, dass sie mich in dieser Situation zu Unrecht angeblafft hatte und vielleicht erkannte, dass ihre grobe Art manchmal unangebracht uns Kinder verletzte.

Kindheit in Jugoslawien

Mirela, Juli 2018

Im ehemaligen Jugoslawien, das es Gott sei Dank, nicht mehr gibt, lebten wir etwas besser als die ‚echten Ossis‘ in jenen Ländern, in welchen die Sowjets stationiert waren. Oder wir dachten mindestens so, da es uns von oben so vermittelt wurde. Jugoslawien war wie die Füllung eines Sandwiches zwischen dem Osten und dem Westen gefangen. Aber wir konnten problemlos in Europa reisen und lernten Englisch und nicht Russisch in der Schule. Unsere Eltern waren imstande Jeans, schöne Kleidung und bequeme Schuhe für uns Kinder aus Triest zu schmuggeln - kein Wunder, dass die Italiener in den 90er Jahren von der Idee eines unabhängigen Kroatien oder Slowenien wenig begeistert waren. Nach der Etablierung der Unabhängigkeit war es in Triest vorbei mit dem Geschäft für die 'Jugos'. Viele Geschäfte mussten geschlossen werden, es kam fast zu einem Zusammenbruch der Wirtschaft in der Stadt.

Ich kann mich noch sehr gut an die tschechischen Touristen an der kroatischen Küste im Sommer erinnern, an ihre großen Augen beim Anblick roter, reifer Tomaten auf dem Markt. Für uns waren reife, gut schmeckende Tomaten eine Selbstverständlichkeit sowie Coca-Cola und Pepsi-Cola auch.

Wie ich sagte, konnten wir problemlos reisen. Das galt für meine Generation, Angehörigen der Generation meiner Eltern war es erst seit etwa den 60erJahren des 20. Jahrhunderts möglich, einen Reisepass zu beantragen und zu erhalten, sofern sie nicht ein politisches Vergehen begangen hatten oder eines solchen Vergehens beschuldigt worden waren. Um welche politischen Übertretungen es sich handelte, wäre ein Kapitel für sich, das den Rahmen dieses Narrativs sprengen würde. Problemlos zu reisen war also möglich - zumindest auf einer formellen Ebene. In meinem persönlichen Fall war es nicht so einfach. Meine erste lange Reise - sie dauerte fast 26 Stunden - unternahm ich mit 16 als ich mit Interrail ganz allein nach London fuhr.

Das Interrail Ticket war zwar teuer, aber doch bezahlbar. Man konnte damit uneingeschränkt mit dem Zug zweiter Klasse durch ganz Westeuropa reisen. Der Zug diente auch als Übernachtungsmöglichkeit, da man ja nur zweiter Klasse fuhr und nicht im Schlafwagen. In der Nacht lange Strecken mit dem Zug zu fahren, war ein Weg Geld zu sparen. In London erwarteten mich drei Freunde, die schon vier Wochen lang auf dem Land auf Erdbeerfeldern gearbeitet hatten, um sich weitere vier Wochen Ferien in England finanzieren zu können. Alle drei, ein Mädchen und zwei Burschen waren Klassenkameraden und gute Freunde. Die Vorbereitungen für meine Reise hatten fast ein halbes Jahr gedauert. Meine Eltern waren mit unserer vierwöchigen Reise einverstanden, da meine Schulfreundin ein Schuljahr auf einem Uni Campus in Nottingham verbrachte, wo ihre Mutter als Gastprofessorin unterrichtete, sich also halbwegs in England auskennen sollte. Ein längerer Aufenthalt und ein Sprachkurs am College wäre zu teuer für mich gewesen. Eine billigere Variante wäre der Aufenthalt bei einer englischen Gastfamilie verbunden mit einem Sprachkurs gewesen. Aber davon wollten meine Eltern nichts wissen, da sie befürchteten, man würde mich als Hausgehilfin ausnützen. Diese Reise mit meiner Freundin durch das Land, von dem ich soviel im Englischunterricht gelernt hatte, erschien mir die Erfüllung all meiner Träume von Freiheit zu sein. Allerdings war es doch eine Freiheit an der langen Leine, die uns da gewährt wurde. Wir konnten unsere Zeit wohl planen und gestalten, wie es uns gefiel, doch bestanden meine Eltern darauf, über unsere Reiseroute genau informiert zu werden. Sie wollten wissen, wo wir uns an jedem einzelnen Tag der Reise befinden würden. Die Route wurde den Eltern mitgeteilt, doch unsere täglichen Unternehmungen waren uns überlassen. Aus heutiger Sicht frage ich mich, wieviel Freiheit wird heutigen Sechzehnjährigen eingeräumt und wieviel Kontrolle wird ausgeübt, wenn sie auf Auslandsreisen gehen? Heute ist ein einjähriger Auslandsaufenthalt mit Schulwechsel um vieles leichter, als es damals für uns war. Ob die Frage der Balance zwischen Freiheit und Kontrolle auch für die heutigen Eltern leichter lösbar geworden ist, kann wohl bezweifelt werden.

Als ich von Ivanas Plänen erfuhr, ein Jahr in England zu verbringen, spürte ich schmerzhaft, wie sehr ich sie vermissen würde. Wir gingen gemeinsam in Zagreb zur Schule, saßen in unserer Klasse in der Mitte der letzten Reihe nebeneinander und verstanden uns gut. Sie war diejenige, die bei Ausflügen oder Feiern die Gitarre spielte und die anderen zu den verschiedensten Aktivitäten motivieren konnte. Wir unternahmen vieles gemeinsam zu zweit oder in der Gruppe. Ich kann mich nicht mehr erinnern, wann wir anfingen von einer gemeinsamen Reise durch England und Schottland am Ende ihres ein-jährigen Aufenthaltes in Nottingham zu träumen. Die Idee entstand wohl in der Zeit, als sie noch in Zagreb war und nahm dann in der Zeit unseres Briefwechsels konkrete Gestalt an. Ja, damals in den achtziger Jahren schrieben wir einander noch Briefe und schickten sie mit der Post. Ein Brief von Eng-land nach Zagreb und vice versa brauchte um die 10 Tage, um sein Ziel zu erreichen. Die Tage des War-tens dehnten sich, doch wir freuten uns beide sehr, wenn wieder ein Brief im Briefkasten gelandet war.

Teenager planen und planten schon immer gerne. Als wir den Entwurf unserer Reiseroute fertig hat-ten, war die Zeit gekommen, unsere Pläne meinen Eltern zu präsentieren. Ich versuchte, meine Eltern davon zu überzeugen, dass eine Englandreise doch eine tolle Idee wäre, vor allem aber mein Englisch erheblich verbessern würde. Endlich stimmten sie zu, stellten aber zwei Bedingungen: sie wollten mit den Eltern meiner Freundin sprechen, die sie von den obligaten Elternsprechstunden kannten, um herauszufinden, ob sie mit unserer gemeinsamen Reise einverstanden wären und verlangten, dass wir jeden einzelnen Tag unserer Fahrt im Voraus planen und eine Tabelle der täglichen Stationen erstellten sollten. Außerdem nahmen sie mir das Versprechen ab, mich einmal in der Woche telefonisch bei ihnen zu melden. Postämter und Telefonzellen waren zu diesen Zeiten die Vermittler der Kommunikation, man lebte ganz gut auch ohne What's App, Facebook, Twitter, Smartphone, Mail oder Internet. Einmal in der Woche anzurufen erschien uns, mir und den Eltern, als durchaus angemessen und ausreichend. Es gab dazumal noch nicht den Zwang, zu jeder Zeit wissen zu müssen, wo sich jemand gerade befindet und was er gerade tut, wonach es riecht und wie laut es in seiner Umgebung ist. Man las die Zeitungen, erfuhr von den Katastrophen, die am Tag zuvor irgendwo auf der Welt geschehen waren und kam ganz gut mit der Tatsache zurecht, dass man alte Informationen als neue empfand und verarbeitete. War die Welt damals weniger gefährlich als heute? Wie dem auch sei, vielleicht waren unsere Vorstellungen davon, was wir als gefährlich betrachteten, einfach andere.

England und Schottland liegen auf einer Insel, die durch das Meer vom europäischen Kontinent getrennt ist. Als ich an einem schulfreien Tag in Begleitung meines Vaters in einem kleinen Geschäft in der Nähe des Bahnhofes mein Interrail Ticket kaufte, erklärte man mir, dass der ganze Zug auf ein Schiff verladen werde und ich erst in London den Zug verlassen würde. Das klang einfach und klar, nur so spielte es sich in der Realität nicht ab. Zu meiner großen Überraschung verließen die Passagiere in Ostende (Belgien) den Zug, ohne dazu aufgefordert worden zu sein, und gingen zu Fuß zum Schiff, das einige hundert Meter entfernt vor Anker lag. Offensichtlich war das für alle Passagiere ein gewohnter Vorgang. Also nahm ich meinen Rucksack und schloss mich ihnen an, wiewohl ich erwartet hatte, mit dem Zug direkt nach London zu kommen. Schon diese kleine Fehlinformation zeigt, wie schlecht informiert und wenig „weltoffen" der durchschnittliche Bürger in Ex-Jugoslawien war.

Mit dem Schiff in Dover angekommen, wartete die nächste böse Überraschung auf mich. In der riesigen Ankunftshalle, durch die alle Passagiere durchgeschleust wurden, warteten die Reisenden in langen Schlangen vor unzähligen Schaltern. Noch nie zuvor hatte ich eine so riesige Halle mit so vielen Menschen erlebt. Es gab einen Schalter für UK Bürger, Australier und Kanadier (Bürger der ehemaligen Kolonien oder, etwas euphemistischer ausgedrückt, der Dominions), einen Schalter für andere Europäer, einen für Asiaten und Reisende aus Übersee, einen Schalter für den Sowjetblock (niemand stand dort) und einen eigenen Schalter für die Bürger Jugoslawiens. Ganz exklusiv! Ich stand dort ganz allein. Der Schalter war allerdings leer, kein Beamter war zu sehen. Ich wartete und wartete, schaute mich um und wartete weiter. Ich hatte den Eindruck, dass jeder, der an mir vorbei ging, mich argwöhnisch ansah. Ich fühlte mich so als wäre ich nackt. Endlich kam ein Beamter, der mir meinen roten Reisepass abnahm, ihn drehte und wendete und von allen Seiten betrachtete. Mir schien, als hätte er noch niemals zuvor so, ein exotisches Dokument gesehen. Die Situation war an Peinlichkeit nicht mehr zu überbieten. Schließlich fragte er mich etwas in einem mir völlig unverständlichen englische Dialekt, den ich nicht verstand, obwohl mein Englisch durchaus passabel war, hatte ich es doch seit meinem vierten Lebensjahr gelernt. Immer wieder wiederholte er mir unverständliche Fragen, bis ich ihm endlich meine Geschichte erzählte, ohne auf seine Fragen einzugehen: Wozu ich nach England kam, wie lange ich bleiben würde, mit wem ich meine Zeit verbringen würde usw., eben alles wovon ich dachte, es könnte einen Polizisten interessieren. Schließlich waren wir ja in der Schule gut trainiert worden, um ganz transparent zu sein. Im Jugoslawien der damaligen Zeit bedeutete „transparent" zu sein, dass man alles sagte und nichts für sich behalten sollte. Nachdem ich ihm meine Geschichte vorgetragen hatte, stellte er noch ein paar Fragen, worauf ich wieder einen Teil meiner Geschichte wiederholte, dann endlich stempelte er meinen dunkelroten Reisepass mit dem Stern auf der Vorderseite und ließ mich weitergehen - weiter zum Zug, der mich nach London brachte. Puuuh....

Die Befragung bei meiner Einreise in Dover dauerte über eine Stunde. Eine Stunde der Peinlichkeit für mich, die mir wie eine Ewigkeit vorkam, da ich mir nicht sicher sein konnte, dass ich es noch zeitgerecht an Bord meines Schiffes schaffen würde. Ja, wir wurden damals als ´spezielle´ Sorte Mensch angesehen, so wie die Salami im Sandwich speziell ist: manche Menschen nehmen sie heraus und essen nur Brot mit Butter. Jugoslawien hatte damals einen eigenen Schalter für die Einreise in UK. Wozu, fragte ich mich? Ich wäre lieber irgendwo anders gestanden, nur nicht gerade dort, ganz allein. So viel zum freien Reisen. Übrigens, liebe Leser und Leserinnen aus dem Westen, jetzt verstehen Sie, warum die „neuen" EU-Länder keine roten, sondern blaue Reisepässe haben.

Was wusste ich damals von der DDR? Nicht viel, außer, dass die Russen dort seit dem zweiten Weltkrieg de facto herrschten und sich ein Stück Deutschlands einverleibt hatten, dass Berlin eine geteilte Stadt und ganz anders als der Rest der DDR war. DDR-Deutsche kamen damals nur sporadisch im Sommer an die kroatische Küste. Kroatien war zu weit entfernt und die Reise dorthin war teuer. DDR-Bürger konnten nur mit viel Mühe und Geschick an Devisen herankommen und daher nur alle paar Jahre ins Ausland fahren. Die politisch treu Ergebenen, konnten alle zwei Jahre, wer sich ordentlich benahm, konnte alle drei Jahre ins Ausland fahren. Aber es war uns keiner bekannt, der mehrmals hintereinander ausreisen durfte. Als Ausland wurden alle Länder außerhalb des Warschauer Paktes betrachtet. Jugoslawien erfüllte dieses Kriterium und zählte daher zum Ausland.

Klar, die DDR war sozialistisch - kommunistisch, so wurde es uns in der Schule zumindest beigebracht, was, wie so vieles andere auch, nicht ganz der Wahrheit entsprach. Es lebte sich schlecht dort, die Einwohner waren sehr depressiv und begingen oft Selbstmord, wenn auch nicht so oft wie die Ungarn; fast alle fuhren einen Lada oder einen Trabant, viele besaßen gute Kühlschränke und lebten in kleinen Wohnungen; diejenigen, die sich nicht politisch-korrekt verhielten, landeten im Gefängnis oder gar in Sibirien; Athletik hatte einen äußerst hohen Stellenwert und die Sportler brachten immer viele Goldmedaillen von den Olympischen Spielen nach Hause. Die Rumänen wiederum brillierten in der Disziplin der Gymnastik und heimsten hier die meisten Goldmedaillen ein. Es gab immer wieder Gerüchte von Doping und Hormonen zur Leistungssteigerung. Sie mögen durchaus stimmen, da die DDR-Athletinnen zumeist nicht sehr weiblich aussahen. Heutzutage ist Doping wissenschaftlich viel besser fundiert und passt sich den Schönheitsnormen wesentlich besser an, dass es im Rahmen des Sports nicht mehr angewendet wird, ist wenig glaubhaft.

Uns wurde immer eingetrichtert, dass sich die Kinder im Ostblock sportlich betätigen und viel trainieren müssten, um gute Sportler zu werden. Und tatsächlich, es gab hier überdurchschnittlich viele ausgezeichnete Sportler. Nadia Comaneci, ein Wunderkind aus Rumänien, nur um vier Jahre älter als ich, wurde fünfmalige Olympiasiegerin in Einzelwettbewerben und gewann im Laufe ihrer Karriere neun olympische Medaillen. Im Unterschied zu Comaneci, meinem Idol, das ich vergötterte, war ich nie eine gute Sportlerin. Mein einziger Versuch, mich sportlich zu profilieren, bestand darin, mit ca. 12 Jahren in der Schule fakultativ Handball zu spielen. Schon nach ein paar Wochen stellte sich heraus, dass ich nicht aggressiv genug war. Fremde Ellbogen hinterließen blaue Flecken auf meinem Körper, die höllisch schmerzten und somit endete meine Sportkarriere schnell und endgültig. Für immer!

Als ich drei Jahre alt war, fing ich an, Ballett zu tanzen. Nicht weil ich es mir ausgesucht hatte, sondern weil meine Eltern etwas gegen meine X-Füße unternehmen wollten. Man empfahl Ballett, um die Füße zu korrigieren. Heute kann ich nur sagen: Es stimmt! Meine Füße sind gerade.

Ich liebte das Ballett sehr. Es war wunderbar zu tanzen! Wir waren eine Gruppe von ca. 12- 15 Kindern. Eine liebevolle Frau begleitete uns am Klavier, während sie laut eins-zwei-drei oder eins-zwei-drei-vier, ganz selten nur eins-zwei zählte und am Anfang und Ende der Stunde mit uns ein Lied sang. Mein Lieblingslied war „Der Hase und der Bach". Nett! Dort lernte ich auch Vesna, meine Freundin, kennen. Später gingen wir gemeinsam in die Schule und sind bis heute noch immer in Kontakt. Mittlerweile sind fast 50 Jahre seit dem Beginn meiner Ballettkarriere vergangen.

Ich ging nie in den Kindergarten. Wir hatten ein Kindermädchen, das auf uns Kinder, mich und meine Schwester, aufpasste, für die Familie kochte und bei uns wohnte. Das hört sich vielleicht etwas elitär an, war aber damals in dem Land, in dem wir wohnten, ganz normal. Heute würde man so ein Mädchen wahrscheinlich als au pair bezeichnen.

Mädchen vom Land, die aus ärmlichen Verhältnissen stammten, wurden oft in die Städte geschickt, um dort zu arbeiten und ihr eigenes Brot zu verdienen. Bevor unsere Stojanka aus Bosnien zu uns gekommen war, hatte sie in einer Gärtnerei gearbeitet. Auf Kinder aufzupassen war sicher um einiges weniger physisch anstrengend als in der Gärtnerei zu schuften. Nachdem unser voriges Kindermädchen uns verlassen hatte, gelang es meinem Großvater, Stojanka zu überreden zu uns zu kommen. Ich war damals drei Jahre alt. Meine Schwester, die nur ein halbes Jahr alt war, wurde bald Stojankas Lieblingskind.

Als Stojanka zu uns kam, konnte sie weder lesen noch schreiben. Meine Mutter übte oft am Abend mit ihr Buchstaben schreiben oder Lesen. Die Buchstaben machten ihr große Schwierigkeiten. Ich kann mich noch gut an ihre Hefte erinnern, in welchen jede Zeile drei Linien hatte, um ihr das Schreiben der Buchstaben zu erleichtern, und die sie gut vor mir hütete und versteckt hielt. Mit drei kannte ich keine Buchstaben und konnte daher auch noch nicht lesen. Warum also versteckte Stojanka ihre Hefte vor mir und machte so ein großes Geheimnis daraus? Schämte sie sich vor mir, einer Dreijährigen? Jedenfalls war sie bei uns ganz normal angestellt, meine Eltern waren ihre Arbeitgeber, sie war sozialversichert, hatte ihre freien Tage und Abende und es stand ihr auch ein Urlaub zu. Sie teilte das Zimmer mit mir. Jede von uns hatte ihr eigenes Bett. Wir teilten also vieles miteinander, so auch den säuerlichen Geruch von Stojankas schwitzenden Füßen. Meine kleine Schwester schlief im Kinderbett im Schlafzimmer meiner Eltern.

Ihre Kochkünste waren sehr beschränkt und meine Mutter erklärte ihr immer am Vorabend wie sie es zubereiten sollte. Bis heute kann ich Risi-Bisi (Reis mit Fleischstückchen und Erbsen) nicht ausstehen. Stojanka kochte es gerne, weil es so schnell ging. Sie nahm immer eine große Portion Reis, und was daraus entstand, reichte dann für mehrere Tage. Was wiederum bedeutete, dass sie nicht täglich kochen musste und wir tagelang Risi-Bisi aßen, bis alles aufgegessen war. Oft war der Reis geschmacklos und hart wie Stein, aber wir aßen alle brav auf und keiner beklagte sich, denn niemand wollte Stojanka kränken und wir alle wollten, dass sie bleibt.

Aus einem anderen Winkel

Astrid, Juli 2018

Deine Zeilen über die sozialistische Vergangenheit liebe Mirela und die Warteschlangen sind lustig zu lesen und treffen den Nagel auf den Kopf. Es kommen alte Erinnerungen hoch, doch einige deiner Erfahrungen und/oder Vorstellungen zum Leben in der DDR kann ich aus meiner Sicht, etwas korrigieren. Ich habe neben Russisch auch ab der 7. Klasse Englisch gelernt, was zwar fakultativ bis zum Ende der 10. Klasse war, doch dann schließlich nach 7 Jahren als Schulnote auf dem Abiturzeugnis stand. Die schon beschriebene Situation, dass die DDR-Bürger wenig reisen durften, trifft zu und deshalb nutzten wir Jugendlichen diese Sprache kaum oder mancher gar nicht.

Ja die Versorgung war anders als heute. Es gab selten exotische Früchte und wenn, mussten wir uns anstellen in den langen Schlangen, doch es war auch jedes Mal eine große Freude, etwas zu ergattern. Gemüse und Obst der Saison wie Erdbeeren oder Tomaten gab es im Sommer genug, denn die Kultur der Kleingärtnerei war in der DDR sehr verbreitet. Eine Melone aus Bulgarien war eine Rarität und sie, einmal ergattert, ein Schmaus für die Familie. Einmal eine ganz alleine zu vertilgen, ein sehnlichster Wunsch von mir. An Sommerabenden aßen meine Familie, und von befreundeten Familien war es mir ebenfalls bekannt, mit Vorliebe Butterstullen mit Tomaten oder Schnittlauch, wir brieten Schmorgurken mit Tomaten und verquirltem Ei, pulten Schoten und genossen die gesunde Lebensweise, ohne dass wir damals von „Bio" sprachen, doch das war es in der Tat. Im Winter sah es schon ziemlich mau aus mit Obst und Gemüse, Äpfel und Kohl standen stets bereit, doch darüber hinaus wurde es eintönig. Ich sehne mir manchmal die guten alten Zeiten zurück, weil sie ruhiger waren, weil das Leben mir aus heutiger Sicht leichter, simpler erschien. Im Sommer gingen wir Kinder nach der Schule ins Waldbad oder fuhren mit den Eltern an den See oder in den Garten und tobten abends mit dem Wasserschlauch vor den Wohnblocks herum, in denen viele von meiner Klasse wohnten. Zur Kindergartenzeit wird es später noch Anekdoten zu lesen geben. Dass Menschen vermehrt depressiv in der DDR waren, ist mir in meinem persönlichen Umfeld nicht begegnet. Doch hörte ich später in Erzählungen von Menschen, die ich nach der Wende kennenlernte, dass es durchaus für einige schwierige, gefährliche Zeiten und Situationen in der DDR zu bewältigen gab oder sogar mit Inhaftierung von Jugendlichen endeten, welche nicht systemkonform agierten.

Auf sportliche Betätigung wurde tatsächlich viel Wert gelegt. Ich war von der 1.-12. Klasse beim Tanzunterricht, meine Schwester war aktive Schwimmerin, meine Mutti Keglerin und Sportschützin, Vati fuhr jeden Tag mit dem Fahrrad in seine Firma ca. 5 Kilometer und schaute gern Skispringen im Fernsehen :) Ach ja, in jungen Jahren war Vati auch aktiver Skifahrer, lebte ja schließlich im Erzgebirge. Außer, wenn mein Vater Skispringen im Winter schaute, hatte ich keinen Kontakt und auch kein Interesse, die sportlichen Wettkämpfe zu verfolgen. Und so ist es bis heute geblieben.

Erinnerungen kommen hoch

Astrid, August 2018

Als ich vergangenes Wochenende mit meiner Freundin Olivia nach Binz auf Rügen an die Ostsee fuhr, ihr verschiedene Stationen meiner Kindheit dort zeigte, kamen viele Erinnerungen an eine ziemlich unbeschwerte und einfache Kindheit hoch. Und jetzt, wo ich Lust habe mit Mirela diese Geschichten unserer Kindheit zusammenzutragen, kommen immer mehr von ihnen an die Oberfläche.

In den Sommerferien machte meine Familie, bestehend aus meinen Eltern mit ihren 3 Kindern, jedes Jahr mindestens 2 Wochen Urlaub bei meiner Oma und meinem Onkel in Binz. Und das, so lange ich denken kann. Es waren Tage mit viel Sonne, baden, leckeren DDR-Brötchen zum Frühstück, Eis in der Waffel in der Form einer Muschel in der Sandmannbar und einem richtigen, großen Eisbecher in der Eisbar an der Promenade, den stets mein Onkel spendierte. Abends gegen 18 Uhr lichtete sich gewöhnlich der Strand. Wir packten unsere ganzen Utensilien Luftmatratze, Sandspielzeug, Badetasche und gingen, wir Kinder meist barfuß, in Richtung Villa Eden, einem weißen modänen Haus im Stil der Bäderarchitektur der Ostseeküste. Darin wohnten Oma Rosa und Onkel Richard bis zur Wende, dann wurde es an „reiche Wessis" verkauft, da keiner der Bewohner sich den Kauf leisten konnte. Nach dem Abendessen in großer Runde, meine Oma genoss die Abende im Kreis der Familie sehr, wurde sich stadtfein gemacht. Gemeinsam schlenderten wir von der Villa am Vogelpark vorbei zur Seebrücke, um dann mit vielen Besuchern des Ostseebades auf der Promenade zu flanieren. Ich erinnere mich, dass die Leute Wert darauf legten, diese Abendspaziergänge schick gekleidet zu genießen, „sehen und gesehen werden". Es war kein großes Ereignis, doch für mich als Kind war dieser abendliche Spaziergang und der große Eisbecher, ich liebte ihn mit Krokant, immer ein besonderes Ferienerlebnis. Dann ging es ab ins Bett, welches ich gemeinsam mit meiner Schwester während der Ferien teilte, eine an dem einen Kopfende, die andere am anderen. Es passte und wir beide genossen die Nächte zusammen unter dem riesigen Federbett. Es gab nur ein Wohnzimmer mit 2 Betten, einer Couch und eine Veranda, auf der mein Vater auf einem Campingbett schlief. Oma nächtigte im Sommer im Klappbett in der Küche, sehr gemütlich und Onkel Richard hatte sein eigenes keines Zimmer über den Flur. Die Toilette befand sich auch über den Flur und es graulte uns Kinder sehr des Nachts diese aufzusuchen, sodass wir es tunlichst vermieden.

Und dann waren da noch die Besuche in der orthopädischen Schuhmacherwerkstatt meines Onkels. Wir durften uns auf den großen alten Ehrfurcht einflößenden Kundenstuhl mit hohem Rückenteil und Armlehnen in antikem Holz setzen, der auf einem Podest stand. Dann nahmen wir uns gegenseitig Fußabdrücke auf Blaupapier ab und befragten unseren Onkel, was sie ihm über unsere Füße sagten. Ich habe leider schon seit Kindertagen sogenannte Knicksenkspreizfüße, dass konnte er alles auf der Blaupause lesen. Dann gab es noch diese vielen Modelle aus Holz, die mein Onkel dann in Leder einkleidete und Schuhe daraus machte. Schon sein Vater war Schuhmachermeister im zweiten Weltkrieg und musste sich in der alten Heimat Großjestin (heutiges Polen) zeitweise um die Schuhe der russischen Besetzer kümmern. Die Werkstatt meines Onkels roch für mich so intensiv nach Leder, nach dem Kleber, der verwendet wurde, ich liebte den Duft. Ich half meinem Onkel oft die Sägespäne aufzukehren und gerade als ich diese Zeilen schreibe, steigt mir aus der Erinnerung der Duft des Klebers in die Nase. Leider hat auch dieser Kleber einen großen Anteil – giftige Lösungsmittel - daran, dass meine Onkel Anfang Siebzig mit Magenkrebs verstarb. Er hat stets gesund gelebt, gern Buttermilch und Tee getrunken, kaum Alkohol und jeden Tag, auch Samstag, fuhr er mit dem Fahrrad in die Werkstatt, um für seine Kunden zu arbeiten. Er machte es mit erkennbarer Leidenschaft. Im Ort war er sehr bekannt und beliebt. Die Stunden in seiner Werkstatt gehörten zu meinen Sommerferien, wie Sonne und baden, und waren stets ein wiederkehrendes Abenteuer. Was mir auch noch lebhaft in Erinnerung kommt, war die Versorgung auf der Insel. Während meine Eltern und wir Kinder am Strand waren, ging meine Oma oft einkaufen, hielt einen Plausch auf der Straße oder besuchte die Nachbarin auf der anderen Straßenseite. Verließ jemand von uns mal früher den Strand, um Brause oder andere Getränke zu holen, standen entweder Schlangen von Leuten an oder die Getränke waren ausverkauft. Einheimische und Urlauber mussten dann auf Lieferungen des Folgetages warten. Es war schon manchmal ärgerlich, dass die Versorgung ungenügend war. Auch schimpften dann, berechtigter Weise, besonders die Einheimischen, denen die Urlauber heute so selbstverständliche Dinge wie Getränke, sozusagen weg kauften. Doch auch diese wollten sich ja „nur" versorgen. Es ist heute kaum vorstellbar.

Sommerferien in Ausland

Astrid, Juli 2018

1985 bekamen wir einen Ferienplatz im Erholungsobjekt des Betriebes meiner Eltern, in Csopak am Balaton in Ungarn. Es war schon etwas Besonderes so weit zu reisen als Familie, nicht nur nach Polen oder in die Tschechoslowakai. Nach Bulgarien oder Ungarn war schon eine Seltenheit. So ging es für meine Eltern, meine Schwester, meinen Bruder und mich mit dem Skoda100 über Bratislava nach Siofok. Den ganzen Tag fuhren wir so dahin. Immer mit der Vorfreude Ungarn, ein neues Land, ein Ferienort, den Balaton zu entdecken, bis wir nach ca. 850 km am Abend auf einem Parkplatz bei Bratislava unser Nachtlager aufschlugen. Mutti, Silke und ich haben es uns, so gut es ging, im Auto bequem gemacht. Alle waren nach der langen Autofahrt ziemlich müde. Vati und Thomas haben draußen auf Decken die ganze Nacht geschlummert. Früh am nächsten Morgen ging es weiter Richtung Balaton. Im Ferienobjekt, angekommen erhielten wir zwei Zimmer, eins für die Eltern, eins für die Kinder. Es gefiel uns dort sehr. Wir waren Ossis und hatten von der Welt kaum etwas gesehen. Jeden Tag Sonne, baden im Balaton, Schopska -Salat (Gurken-Tomatensalat mit Schafskäse) das allererste Mal, Melone bis zum Abwinken und Palatschinken (Eierkuchen). Diesen kannten wir von zu Hause und doch war es irgendwie außergewöhnlich in dieser neuen Umgebung, weit weg von zu Hause, in einem Ferienparadies.

Die Tage vergingen wie im Flug, wir liehen uns zum ersten Mal im Leben Surfbretter aus, erprobten unser Geschick, darauf zum Stehen zu kommen und mit dem Wind zu segeln. Leider gelang mir nie die Kehrtwende und das Segeln zurück ans Ufer. Ich sprang vom Brett, auf dem ich mich nach x - maligen Versuchen aufrecht halten konnte, packte das Brett unter den Arm und schwamm mit großer Kraftanstrengung zurück, um es erneut zu probieren. Wir fuhren nach Siofok auf einen großen Markt mit vielen Klamotten, die modern waren und sehr begehrt bei Ostdeutschen. In diesen Jahren war das Angebot an moderner Kleidung in der DDR dürftig, es sei denn, eine Person hatte sehr viel Geld, um im Exquisit einzukaufen oder gar im Intershop, der für D-Mark mit westdeutschen Produkten lockte. Meine Familie hatte einige Verwandte in der BRD und wir bekamen meist getragene Kleidung von den Kindern einer Cousine meiner Mutter und zu Weihnachten Pakete mit Kaffee, Schokolade, Büchsen mit Obst, doch über Westgeld verfügten wir nicht. Über die Kleidung freuten wir Kinder uns riesig, besonders im jugendlichen Alter, denn wie gesagt, gab es kaum moderne Kleidung in den Geschäften oder will mal sagen, im fast einzigen größeren Laden, dem Centrum Warenhaus von Schwedt, zu kaufen. Mit den getragenen Sachen waren wir Kinder, was das Outfit anbetraf, ziemlich up to date. Für die Eltern brachte es gleichzeitig eine Entlastung der Haushaltskasse. Meine Oma in Binz hatte immer ein paar Westmark von ihrer Schwester in Travemünde, sodass wir Kinder, wenn wir in den Sommerferien bei ihr zu Besuch waren, auch manchmal eine Kleinigkeit zum Naschen im Intershop gemeinsam mit ihr kauften. Da roch es immer so herrlich nach Seife, einfach frisch und lecker, in meiner Kindheit die Verbindung zu Westdeutschland.

Eines ganz frühen Morgens in Ungarn passierte etwas nie Erlebtes, Aufregendes. Wir lagen noch alle in unseren Betten und schlummerten, da bebte die Erde und mit ihr schwankten unsere Betten. Im Erwachen hörte ich die Zahnputzbecher auf der Ablage am Waschbecken klirren. Raus aus dem Bett und schauen, was geschah. Im Haus waren schon aufgeregte Stimmen zu hören. Wir liefen auf die Hausflure, viele andere Urlauber schauten verängstigt, überrascht aus ihren Zimmertüren. Nicht sofort hatte ich realisiert, dass es ein Erdbeben gewesen war. Nie vorher hatte ich eines erlebt und das Gefühl, von einem geschüttelt zu werden, war mir völlig unbekannt. Ich vermute, genauso erging es wohl den meisten Mitbewohnern des Ferienhauses. Die Frage nun, in den Zimmern bleiben oder nach draußen rennen? Ich glaube, die Mehrzahl entschied sich vor dem Haus zu postieren. So zogen wir uns ein Jäckchen oder Pullover über das Nachthemd und versammelten uns unten. Die Leitung des Hauses kam ebenfalls und beruhigte uns, dass es ein kleines Beben gewesen wäre und wir keine Angst vor eventueller Einsturzgefahr haben bräuchten. Doch waren an dem nebenstehenden kleineren Gebäude, welches zur Anlage gehörte, deutliche Risse im Mauerwerk zu erkennen. Eine Aufregung summte durch die Urlauber. Doch nachdem wir vielleicht eine halbe Stunde herumstanden, nichts weiter passierte, riet uns die Heimleitung, wieder auf die Zimmer und in die Betten zu gehen. Ich legte mich mit meinen Geschwistern hin, denn es war auf jeden Fall noch zu früh zum Aufstehen. Doch wer konnte da noch an schlafen denken?

Mirela, Juli 2018

In meiner Kindheit bebte die Erde in Zagreb oftmals und wir alle waren mit diesem Phänomen vertraut. Doch obwohl wir Erdbeben kannten und niemals persönlich Schaden erlitten hatten, blieben sie sehr unangenehme und mit Angst besetzte Erlebnisse. Ich kann mich gut an die Instruktionen erinnern, die wir in der Schule erhielten: Im Falle eines Bebens sollte man sich unter den Türstock einer tragenden Wand stellen, abwarten bis das Beben etwas nachlässt und dann schnellstens das Gebäude verlassen. Man sollte auf keinen Fall mit dem Aufzug fahren, sondern immer die Treppen hinunterlaufen, so lauteten die Anweisungen. Da es in unserem Schulgebäude keinen Aufzug gab, hatten wir sowieso keine andere Option.

Eigentlich lösten die Erdbeben in Zagreb in mir keine großen Ängste hervor, sie verursachten eher ein mulmiges Gefühl. Einmal beobachteten wir von unserem Fenster aus, wie ein dreiundzwanzig Stockwerke hoher Wolkenkratzer langsam, aber deutlich sichtbar wieder und wieder von links nach rechts schaukelte. Diese Schaukelbewegung war noch Minuten nach dem Beben zu sehen. Die Erdbeben an der kroatischen Küste waren immer von lautem Lärm begleitet, der klang, als ob zwei Steinplatten aufeinander prallten. Ich kann mir gut vorstellen, dass ein Erdbeben, wenn man es zum ersten Mal erlebt, ein sehr erschreckendes Erlebnis ist. Noch dazu befand sich Astrid mit ihrer Familie in einem fremden, unbekannten Land, was den Schrecken sicher noch verstärkte.

Sommerferien

Mirela, August 2018

Ich verbrachte meine Sommer mit meinen Großeltern, meiner Schwester und einer ein halbes Jahr
älteren Cousine in einem kleinen Ort an der kroatischen Küste südlich von Zadar in unserem Sommerhaus. Beide Großeltern stammten aus dieser Gegend: Mein Großvater aus dem 4 km entfernten
Nachbarort an der Küste, meine Großmutter aus einem 10 km entfernten Dorf im Landesinneren. Obwohl keine 100 Meter vom Meer entfernt geboren,
lernte mein Großvater niemals schwimmen und ba-
dete nie im Meer. Selbst als junger Bursche, so erzählte man, ging er nie tiefer in das Wasser sobald
es seine Knie erreicht hatte und regte sich jedes Mal
auf, wenn unsere Großmutter uns zum Strand
brachte. Er behauptete, das Schwimmen im Meer sei
ungesund und war entsetzt, dass wir gerade dort,
wo ,wie er sagte, „alle ihr Geschäft verrichten", hinein gehen wollten. Meine Großmutter dagegen liebte das Meer, obwohl sie nicht schwimmen konnte.
Sie „schwamm" in ihrem schwarzen Badeanzug so,
dass sie mit einem Fuß über den Meeresboden glitt.
Dass sie tatsächlich nicht schwimmen konnte, war
ihr gut gehütetes Geheimnis, das wir erst sehr viel
später durchschauten. Sie selbst gab nie zu, nicht
schwimmen zu können.

Der Strand stand durchschnittlich jeden zweiten
Tag auf unserem Programm. Wir gingen gegen 11

Uhr Vormittag dorthin und blieben bis ca. 16 Uhr. Wir badeten und schnorchelten im Meer, währenddessen unsere Großmutter uns beobachtete und keinen Moment aus den Augen ließ. Meine Cousine und ich stickten oft Gobelins, meine Großmutter häkelte und meine kleine Schwester spielte oder war einfach lästig. Oft gab es auch ein Eis aus dem Automaten. Der Verkäufer fabrizierte eine wunderbare zweifarbige Spirale aus zwei Sorten Eis, die wir uns aussuchen durften: Schoko und Vanille, oder Vanille und Erdbeere. Es duftete herrlich! Heute würde man so ein Eis Softeis nennen, doch ein Eis wie damals gibt es heutzutage nicht mehr. Dafür gibt es siebenundvierzig verschiedene Sorten, so dass es einem leicht schwindlig werden kann, bevor man sich für zwei oder drei Sorten entscheidet.

Meine Eltern kamen immer Mitte Juli auf Urlaub und verbrachten ca. drei Wochen mit uns. Dann gingen wir jeden Tag gemeinsam zum Strand und meine Großmutter hatte frei. Es gab dann jeden Tag Eis und hin und wieder eine Limonade. Die Ausflüge in die Umgebung mit dem Auto liebten wir sehr, sie stellten die Highlights des Sommers dar, sie waren, wie man heutzutage sagen würde, ausgesprochen „cool". Wir entdeckten neue Orte und neue Strände. In Betina, einem kleinen Ort auf der Insel Mutter, besuchten wir Freunde, eigentlich ehemalige Nachbarn meines Vaters aus der Zeit, als es noch sein Elternhaus gab. Die gesamte Siedlung wurde später niedergerissen und eine Hochhausanlage an ihrer Stelle erbaut. Das alte Haus des Nachbarn meines Vaters war direkt am Meer gelegen. Es gab eine

Mole, von der aus wir ins Meer sprangen: einmal, zweimal, unzählige Male mit dem Kopf oder den Füssen voran ins Meer, bis wir entweder zum Essen gerufen wurden oder wieder zurückfuhren.

Sobald meine Eltern an der Küste waren, wurde das Leben für uns Kinder lockerer und leichter, da man uns etwas verwöhnte. Solange wir mit den Großeltern allein waren, hatte jeder von uns tägliche Pflichten. Mein Großvater erstellte eine Tabelle, auf der unsere Namen, die Wochentage und die Pflichten, die jeder von uns zu erfüllen hatte, eingetragen waren. Die Tabelle hing an einer Wand in der Küche und zeigte sehr genau, wer an welchem Tag das Brot aus der ca. 10 Minuten Fußweg entfernten Bäckerei zu holen hatte, wer meine Großmutter zweimal in der Woche zum Markt begleiten sollte, um Obst und Gemüse einzukaufen und nach Hause zu schleppen und wer den Garten zu gießen hatte. Die Betten wurden immer zu zweit gemacht, ein Morgenritual, das immer vor dem Frühstück stattzufinden hatte. Welches Paar an welchem Tag für die Betten zuständig war, war ebenfalls in der Tabelle geregelt. Jeden Nachmittag wurden wir daran erinnert, wer was mit wem am nächsten Tag zu tun hatte. Lange bevor ich das Licht der Welt erblickte, arbeitete mein Großvater als Gendarm in einem Land, das es auch nicht mehr gibt. Aus heutiger Sicht wäre das das ex-ex-ex-Land. Auf jeden Fall gab es bei uns im Sommerhaus dank meiner Großeltern Ordnung und dank meines Großvaters die schriftliche Festlegung dieser Ordnung.

Unser Haus wurde in einem Zeitraum von mehreren Jahren errichtet, eigentlich waren es Jahrzehnte, abhängig davon, wie viel Geld zur Verfügung stand. Obwohl es am Anfang nur Ziegelwände ohne Verputz gab, verbrachten wir schon ein paar Nächte in diesem unfertigen Haus. Ich frage mich, ob ich heute in einem solchen Haus übernachten würde. Ich weiß es nicht, vielleicht doch. Stellen Sie sich vor: wir schliefen in einem Bett, das nur 30 Zentimeter von einer nackten Ziegelwand entfernt stand. Es gab noch keinen Strom, nur eine Taschenlampe, mit der die Wände inspiziert wurden, um etwaige Insekten, die zwischen den Ziegeln herumkrochen, zu entdecken.

Mit der Zeit wurde das Haus immer wohnlicher und füllte sich langsam mit all den Dingen, die zu einem Haushalt gehören, nur das Wasser blieb über Jahrzehnte Mangelware. Ein Erwachsener stand oft schon um drei oder vier Uhr früh auf, um Wasser in Kanister und Eimer abzufüllen. Zu dieser Nachtzeit gab es noch Wasser, ob es auch tagsüber noch fließen oder nur tropfen würde, war immer eine Überraschung und eine Glücksache, manchmal ja, öfter nein, immer nicht vorhersehbar. Sicher war nur, dass ab 17 Uhr kein Wasser aus dem Wasserhahn tropfen würde, weil dann in jenen Ortsteilen, die tiefer als der unsere gelegen waren, alle Gärten gegossen wurden.

Der Keller unseres Hauses war ein Paradies für uns Kinder. Er war ca. 20 Quadratmeter groß. Es war im Grunde kein Keller im eigentlichen Sinn, da der Raum nicht gänzlich unter der Erde lag und in seinem oberen Bereich zwei Fenster hatte, die auf den Garten hinaus gingen. Zwei Drittel des Raumes lagen unter der Erde, ein Drittel darüber. Hier richteten wir Kinder unsere „Wohnung" ein. Wir stellten am Boden kleine Steine auf, wie sie für den Hausbau verwendet wurden, die die Wände der Zimmer markieren sollten. Jede von uns dreien hatte ihr eigenes „Zimmer". Ein großer Wasserbottich aus Blech, der unter dem Tisch stand, fungierte als unser Bad, das zur gemeinsamen Nutzung gedacht war. Der Bottich blieb natürlich leer, doch wir gaben vor, dass er ein echtes Bad darstellte, wie es sich eben Kinder in ihrer Phantasiewelt vorstellen können. Handtücher, die vom Tisch herunterhingen, trennten unser „Zimmer" von dem Bad, das ja ein intimer Bereich sein sollte.

Auf dem Tisch war unsere Küche: Wir ergänzten unser Spielzeuggeschirr mit weiteren notwendigen Utensilien, wie Löffel und Gabeln, die wir aus Großmutters Küche heimlich ausliehen. Unser Keller war eine bunte Welt, in der es sich wunderbar spielen ließ. Einiges von unserer „Ausrüstung" verschwand wieder am Nachmittag aus dem Keller. So wurden z.B. die Handtücher zurückgebracht, um unserer Großmutter keine Gelegenheit zu geben, mit uns zu schimpfen. Zu dritt verbrachten wir endlose Vormittage im Keller, während draußen die Sonne schien. Die Nachmittage waren anderen Tätigkeiten vorbehalten.

Ein zweiter Wasserbottich stand draußen im Garten, damit sich das Wasser in der Sonne erwärmen konnte. Wir taten so, als wäre er unser „Schwimmbad" und verwendeten ihn an den Tagen, an denen wir nicht zum Strand gingen. Stundenlang saßen wir im warmen Wasser, spielten uns spritzten uns gegenseitig an, lachten und kreischten so laut wir nur konnten.

Hinter dem Haus bauten wir Bohnen und Mais an. Unser „Feld" war ca.1 Quadratmeter groß. Wir weichten die trockenen Bohnen über Nacht in Wasser ein und steckten am nächsten Morgen jeweils 5 oder 6 in kleine Löcher in der Erde, die wir vorbereitet hatten. Wenn Sie es selbst einmal versucht haben, dann wissen Sie, dass Bohnen dankbare, schnell wachsende und sehr robuste Pflanzen sind. Wir beobachteten unser Feld und das Wachstum unserer Bohnen jeden Tag und maßen mit einem Schneidermaßband genau nach, um wie viel die Pflanzen seit dem Vortag gewachsen waren. Nach ein paar Tagen, sobald die jungen Pflänzchen schon ordentlich sichtbar waren, steckten wir Stäbe, die wir zuvor grün gefärbt hatten, in die Erde und zwangen die jungen Pflanzen, sich um die Stäbe zu ranken. Wir begossen unser Feld abwechselnd – dafür brauchten wir keine Tabelle und keine Festlegung der Zuständigkeit. Im Gegenteil, es gab oft Streitigkeiten darüber, wer gießen durfte, denn das war eine spannende Tätigkeit, die jede von uns täglich machen wollte. Das allerdings würden die Bohnen nicht überleben, soviel verstanden wir.

Das Wachstum von Pflanzen stundenlang zu beobachten, ist nicht etwas, das Kinder unter acht Jahren durchhalten können. Da wir aber kreative Kinder waren, beschlossen wir, um in der Nähe unserer Pflanzen zu sein, einen Springbrunnen zu bauen. Wir sammelten kleine Steine und legten sie im Kreis auf, immer eine Schicht über der anderen. An Steinen gab es keinen Mangel, da das Gelände dort aus riesigen Steinen bestand, das vor dem Hausbau erst miniert werden musste. Zum Entsetzen meines Großvaters entstand ein Gebilde, das einem Kegel ähnlich sah und an dessen Spitze sich ein etwas größerer Schlussstein befand - unser „Springbrunnen". Wir versuchten, eine Sprinkleranlage mit verschiedenen Bademantelgürteln meiner Großmutter herzustellen, was uns aber nicht gelang. Schließlich erklärten wir, dass wir stolz und zufrieden mit dem Springbrunnenbau wären und ließen es dabei bewenden. Die Gürtel wurden in einem passenden Moment, wenn gerade kein Erwachsener in der Nähe war, ins Haus zurück geschmuggelt und an den richtigen Ort gebracht.

Die Bohnen waren viel interessanter als der Mais, da wir ihre Ernte am Ende des Sommers noch miterleben konnten, der Mais dagegen war noch nie reif, wenn wir in die Stadt zurückkehrten. Meine Großmutter erntete ihn nach unserer Abreise und brachte ihn nach Zagreb, was für uns natürlich weniger aufregend war.

Vor der Fertigstellung unseres Hauses mieteten unsere Eltern ein paar Zimmer, wo wir für einige

Sommer untergebracht wurden. Ich kann mich gut an die langen Treppen erinnern, die zu unseren Zimmern führten, weil ich es so lustig fand, ständig hinauf und hinunter zu laufen und von unten meine Mutter zu rufen. Die Vermieter waren allerdings viel weniger von dem laufenden Kind und dem Getöse, das es verursachte, begeistert. Meine Aktivitäten wurden daher sehr abrupt eingeschränkt.

Unnötig zu sagen, dass es damals in dieser Gegend keine Klimaanlagen gab. Untertags hatte es oft bis 39°C, in den Nächten bis zu 30°C im Haus - wir überlebten, Abkühlung gab es ja tagsüber am Strand, wo es immer eine leichte Brise im Pinienwald gab, und beim Schwimmen im Meer.

Schuhe

Mirela, September 2018

Es ist erstaunlich, wie Worte Erinnerungen hervorrufen können. Astrid erzählt von ihrem Onkel, der leidenschaftlich orthopädische Schuhe anfertigte und ich musste an meine eigenen orthopädischen Schuhe denken, die nach meinem Fußabdruck hergestellt wurden und die ich bis zu meinem 10. Lebensjahr tragen musste, da ich Plattfüße hatte. Das Geschäft war nur zwei Straßenbahnstationen von unserer Wohnung entfernt, so dass es sich nicht auszahlte, die Straßenbahn zu nehmen, und meine Mutter und ich zu Fuß gingen. Ich hasste das Geschäft. Es roch nach Kleber und war mit Schuhschachteln überfüllt, die sich von Boden bis zum Plafond stapelten und sogar auf dem Verkaufspult standen.

Es gab nur Schuhe mit Schuhbändern zum Schnüren. Ich konnte nur zwischen grauen und schwarz-weißen Schuhen wählen. Die schwarz-weißen waren um so viel schöner! Sie hatten schwarz lackierte Kappen und schwarz lackierte Räder, die sich wie ein Kragen in Knöchelhöhe um den Fuß schmiegten. Echt schick! Diese Schuhe waren aber um einiges teurer als die grauen, also bekam ich meistens zwei Paare, ein Paar für den täglichen Gebrauch, das andere Paar für Feste und andere besondere Gelegenheiten. Selten kaufte meine Mutter beide Paare auf einmal. Kinderfüße wachsen schnell und so frequentierten wir das Geschäft ziemlich oft..

Manchmal gab es außer den schwarz-weißen Schuhen eine weiß-rote Kombination. Die war um so viel schöner! Nur, die bekam meine Schwester, weil es sie meistens in meiner Größe nicht gab. Dann hieß es: „Du bist schon groß, du brauchst keine roten Schuhe, die sind nur für kleine Kinder wie Maja", sagte meine Mutter, um mich zu trösten. Ein immer wiederkehrendes Pech - ich war zu groß, wenn ich doch einmal klein sein wollte.

Ich erinnere mich, dass wir einmal einen Ausflug machten und ich meine grauen orthopädischen Schuhe trug. Ich hüpfte immer wieder über einen ca.30 cm breiten Wasserlauf, hin und zurück, hin und zurück, bis ich es einmal nicht schaffte und ich bis zum oberen Rand meiner Schuhe im Morast landete. Etwas Matsch gelangte auch in meinen Schuh hinein. Da wir unseren Ausflug erst begonnen hatten, versuchte ich das Malheur zu verbergen. Verzweifelt bemühte ich mich, die 2 cm dicke Schlammschicht auf meinem linken Schuh mit den Fingern abzuwischen, ohne dass jemand etwas davon mitbekommen sollte. Nun waren nicht nur meine Schuhe, sondern auch meine Hände voll Schmutz und ich wusste nicht, was ich tun sollte. Meine Mutter sah sich um und wollte wissen, was ich da machte. Ich versuchte, mein linkes Bein hinter dem rechten zu verstecken, aber konnte meine schmutzigen Finger nicht verbergen. Bis heute habe ich dieses Bild noch immer vor meinen Augen: Eine dicke Schicht von grauem Schlamm auf dem grauen Schuh. Grau des Schuhs und das des Schlamms gingen so ineinander über, dass kein Unterschied zu sehen war. Auch heute noch bin ich eine Expertin darin, mich schmutzig zu machen, sobald es auch nur ein bisschen Schlamm irgendwo beim Wandern im Wald gibt.

Steinweg und Feigenbaum

Mirela, September 2018

Nachdem unser Sommerhaus seinen 40. Geburtstag schon längst hinter sich hatte und ich, die ich ja um einige Jahre älter als unser Haus bin, ebenfalls in die Jahre gekommen war, und viele Menschen, die einmal ihre Sommer dort verbracht hatten, nicht mehr lebten, bekam unser Haus endlich eine neue Fassade. Wir entschieden uns für eine schöne, hellgelbe Farbe und einen Sockel aus Steinplatten. Bevor mit den Arbeiten begonnen werden konnte, beschäftigte mich die Frage, wo wir einen Steinmetz finden konnten. Ich erkundigte mich erfolglos bei den Nachbarn und fuhr dann schließlich 30 km aufs Land. Ich hoffte, dort nicht nur die Steine, sondern auch einen Steinmetzmeister zu finden, der sie bearbeiten konnte. Ich fuhr durch das kleine Dorf, das aus nicht mehr als vielleicht hundert Häusern bestand. Es war Mitte September, doch noch immer ziemlich heiß und keine Menschenseele war auf der Straße unterwegs. Die Fassaden vieler Häuser waren mit Steinplatten bedeckt, die Wege, die zu den Häusern führten, waren mit Steinplatten ausgelegt, genauso wie viele der Höfe. Neben der Straße waren Steinplatten aufgehäuft als Zeichen dafür, dass sie zum Verkauf standen. Ich fuhr gute 10 Minuten durch die kleinen Gassen, ohne auch nur einem Menschen zu begegnen. Als ich auf einen kleinen

Supermarkt stieß, beschloss ich, mich bei einem Verkäufer zu erkundigen.

Ich parkte etwas abseits am Straßenrand, da es nicht viel Platz gab. Die Türen des Supermarkts öffneten sich, ein Mann kam heraus, ging auf sein Motorrad zu und stieg auf. In panischer Angst, dass der einzige Mensch, der zu sehen war, wieder verschwinden könnte, stieg ich aus dem Auto und rief ihn an. Er war gerade dabei eine Bierflasche aus der Tragetasche zu holen, als er mich offensichtlich hörte. Er wendete sich mir zu, ohne sich die Mühe zu machen, meine Begrüßung zu erwidern. Ich trat an ihn heran, begrüßte ihn nochmals und fragte ihn, wo ich einen Steinmetz und Steinplatten kaufen könnte. Sehr gelassen stieg er von seinem Motorrad ab, öffnete seine Bierflasche, nahm einen Schluck und fragte mich, wozu ich einen Steinmetz brauchte. Für unser Haus an der Küste, antwortete ich. Er stand einige Sekunden, ohne mit der Wimper zu zucken, da, bevor er sagte: „Na, frag mal dort in dem Haus" und zeigte nach rechts. Ich schaute nach rechts, da standen mehr als 10 Häuser, die alle in Frage kamen. „Welches Haus genau meinen Sie?" wollte ich wissen, da es im Moment so aussah, als ob er meine einzige Chance wäre, an einen Steinmetz zu kommen. Dann fragte er: „Ist das dein Auto?" Ich bejahte. Na klar, wir waren also per Du, was mir aber ziemlich egal war - ich wollte ja nur einen Steinmetz finden! „Na, fahr mal da hinauf, da wirst du schon auf der rechten Seite ein großes, weißes Haus sehen. Da ist einer. „Wissen Sie zufällig, wie der Mann heißt?", doch er winkte nur ab und meinte: „Frag mal dort, die werden dir schon alles sagen." OK, viel war es nicht, aber doch mehr als nichts. Ich stieg wieder in mein Auto, fuhr in die angegebene Richtung und sah drei große, weiße Häuser vor mir. Nach der Methode der Eliminierung und dem Zufallsprinzip entschied ich mich für ein Haus, vor dem ein Feigenbaum praktisch aus dem gepflasterten Gehsteig wuchs, da vor keinem der Häuser Steinplatten zu sehen waren. Der Anblick eines Feigenbaumes vor einem Haus in einer Dorfstraße war ungewöhnlich und wirkte fast ein wenig störend. Das Gartentor war offen, so wie es in dieser Gegend üblich ist. Mein nächstes Problem: das Haus hatte zwei Stockwerke und drei unbeschriftete Klingeln, wobei eine offensichtlich kaputt war, da nur irgendwelche Drähte aus der Wand kamen. Ich betätigte also eine der verfügbaren Klingeln und wartete. Nichts. Ich klingelte nochmals. Wieder nichts. Ich stieg die Treppe hinauf in den zweiten Stock und klingelte dort. Wieder nichts. Ziemlich enttäuscht verließ ich das Haus und ging im Hof hin und her und betrachtete die Steinplatten unter meinen Füssen. Sie gefielen mir ausnehmend gut. Als ich dann schon in Richtung meines Autos ging, rief mir eine junge Frau mit einem Baby auf dem Arm aus einem Fenster im ersten Stock nach und fragte mich, was ich wünschte. Ich erklärte, man hätte mir gesagt, dass ich hier einen Steinmetz finden würde. „Das stimmt, aber mein Mann arbeitet jetzt und wird erst am Nachmittag nach Hause kommen, aber warten sie einmal, ich ruf ihn gleich an. Vielleicht kann er aus dem Steinbruch schnell herkommen." Ich bedankte mich, sie verschwand, dann kam sie wieder und bat mich, noch zehn Minuten zu warten bis ihr Mann komme. Ich war überglücklich. Als nach weniger als zehn Minuten ein junger Mann so um die dreißig kam und ich seine mit weißem Staub bedeckten Hände sah, wusste ich sofort, ich habe ihn gefunden, meinen Steinmetz. Und so war es. Am nächsten Tag schon kam Dražen, schaute sich das Haus an, nannte den Preis und wir schlossen einen mündlichen Vertrag.

Ein paar Wochen später begann er zusammen mit seinem älteren Bruder mit der Arbeit. Der Bruder sprach kaum etwas, Dražen war allein für die Kommunikation zuständig. Ich stellte wenige Fragen, doch nach seinem Akzent zu schließen, stammten die Brüder nicht aus unserer Gegend. Seit damals beschäftigt mich das Thema der Vertriebenen und der Flüchtlinge, besonders jener, die während und nach dem Zweiten Weltkrieg vertrieben wurden oder flüchten mussten, die Vertriebenen beider Seiten, die der Sieger und die der Verlierer.

Ich kenne Menschen aus meiner Heimat, die ihre Häuser und ihr ganzes Hab und Gut zurücklassen mussten. Viele von ihnen gingen ins Ausland, nach Deutschland, Österreich, Schweden, in die Schweiz, nach Italien und sogar Amerika. Viele Menschen, mehr als eine halbe Million, aus Bosnien und Herzegowina kamen in den neunziger Jahren nach Kroatien, dass damals für sie ebenfalls Ausland war. Ich kann mich daran erinnern, dass meine Heimatstadt plötzlich, fast über Nacht, ein anderes Gesicht bekam, ihre Atmosphäre sich änderte und anders aussehende Menschen in ihr unterwegs waren. „Anders aussehend", weil man sofort erkennen und spüren konnte, dass sie nicht zu Zagreb gehörten und sich hier nicht zugehörig fühlten. Waren es ihre verzweifelten Blicke, ihre Körperhaltung, ihre Kleidung, oder alles in einem?

Dražen war nicht einmal zehn Jahre alt, als er mit seinen Eltern und Geschwistern aus Nord-Bosnien vertrieben wurde. Er lebte zuerst bei seiner älteren Schwester in der Schweiz, die dort ihr Leben als Gastarbeiterin aufbaute und eine eigene Familie gründete. Er ging in der Schweiz in die Schule, lernte Deutsch, fühlte sich dort aber nicht wohl. Nach sechs Jahren zog er zu seiner anderen älteren Schwester, die von Bosnien nach Schweden gegangen war. Nach der Vertreibung aus Bosnien teilten sich die Mitglieder der Familie und ließen sich in verschiedenen Ländern nieder, da sie hofften, dass wenigstens einer von ihnen es „schaffen" würde, sich eine Zukunft aufzubauen. Dass sich alle im selben Land niederließen, erschien ihnen zu riskant. Dražen erhoffte sich in Schweden ein besseres Leben. Mit Mühe und Not erlernte er Schwedisch, eine für ihn sehr schwierige, kaum erlernbare Sprache. Die Winter waren dunkel, die Sonne kam kaum zum Vorschein. Die Kälte störte ihn nicht, die war er gewohnt. Er fand nicht viele Freunde in Schweden und nach nur einem Jahr ging er nach Deutschland, wo die meisten aus seiner Familie und aus seinem ehemaligen Dorf lebten. Er machte eine Lehre als Installateur und arbeitete einige Zeit in Deutschland.

Schließlich kam er nach Kroatien und kaufte hier zusammen mit seinem Onkel einen Steinbruch und baute ein Haus, ein Haus, zum dem ein mit Steinplatten gepflasterter Weg führte, so wie er es aus seiner Kindheit in Bosnien in Erinnerung hatte. Kroatien, wieder ein fremdes Land, fremde Leute und Gebräuche, doch wenigstens die gleiche Sprache. Und Ruhe und Frieden. Nur, wie viel innere Ruhe und Frieden gibt es in diesem jungen Mann? Immer wieder, mindestens für ein paar Monate im Jahr, fährt er nach Deutschland, um dort seine Kontakte zu pflegen, „hinaus" zu kommen, zu arbeiten und etwas mehr Geld zu verdienen.

Im Gespräch mit ihm wurde mir klar, wie mühsam es für ihn gewesen war, nach der Vertreibung ein neues Leben aufzubauen. Vielen Menschen ist es ebenso ergangen. Viele kehrten nicht nach Hause zurück. Es machte keinen Unterschied, ob sie an den Ort zurückkehrten, den sie hatten verlassen müssen, oder sich in einem „fremden Land" freiwillig niederließen - es war in jedem Fall schwer. Alle mussten sich an die Gegebenheiten und die neue Gesellschaft anpassen, um zu überleben, ob sie es wollten oder nicht. Es stellt sich nur die Frage, inwiefern die „neue Heimat" wirklich zur Heimat für die Generation der Vertriebenen geworden ist und wie ihre Kinder einmal darüber denken werden.

Ich merke oft, wie anders die Menschen sind und wie anders sie sich verhalten, auch wenn sie sich nur für kurze Zeit im Ausland befinden. Ich merke es auch an mir selbst, wie anders ich mit Kroaten im

Vergleich zu Österreichern, Deutschen oder Dänen kommuniziere. Man könnte diese Unterschiede auf kulturelle Differenzen, auf eine differenzierte Anpassungsfähigkeit oder Flexibilität zurückführen. Ja sicher, aber gibt es da nicht noch mehr?

Ich las vor einigen Jahren das fantastische Buch von Barbara Coudenhove-Kalergi, einer bekannten österreichischen Journalistin, „Zuhause ist überall". Danach las ich viel über die Sudetendeutschen und die Ostpreußen. Ich dachte auch oft daran, dass eine meiner Verwandten in eine Familie eingeheiratet hatte, die in ein Haus zwangsübersiedelt worden war, das zuvor einer donauschwäbischen Familie gehört hatte. Irgendetwas ließ mir keine Ruhe und ich fragte Astrid, ob auch ihre Familie nach dem Zweiten Weltkrieg vertrieben worden war.

Nachforschen

Astrid, Oktober 2018

Liebe Mirela, du wünscht dir etwas über die Familien auszutauschen, die mit dem 2. Weltkrieg aus ehemaligen deutschen Gebieten vertrieben und neu angesiedelt wurden. Gestern habe ich mit Tante Heidrun, der Schwester meines Vatis, gesprochen. Sie ist die letzte noch Lebende, die etwas zu der Umsiedlung meines Großvaters von Schmiedeberg-Smideberk, heutiges Kovarska, der Stadt im böhmischen Erzgebirge, nach Annaberg/Buchholz im Erzgebirge sagen kann. Doch leider weiß sie kaum etwas, diese alten Tatsachen und Erlebnisse behielt mein Opa, vielleicht aus Verletztheit, für sich. Sie meint, ihr Vater, 1913 geboren, hat nie über die frühere Zeit gesprochen und sie habe „leider" auch nie danach gefragt. Auch als Opa später ins Altersheim musste und es viele Besuche gab, wo immer nach Gesprächsstoff gesucht wurde, kamen Fragen dazu nie auf. Leider haben wir uns , Mirela, 2 Jahre zu spät getroffen, um in diesem Bereich viel Interessantes aus der Vergangenheit der Großelterngeneration retten zu können. Mein Vati, der im April 2017 starb, hätte vielleicht noch einiges mehr gewusst. Doch auch ich habe in diesem Zweig der Familie zu wenige Fragen nach der Herkunft gestellt. Schade. Opa Franz siedelte mit seiner Schwester, Tante Hilde, nannte ich sie, und beider Mütter schon vor Kriegsende nach Annaberg/Buchholz. Mein Vater wurde im August 1941 dort geboren und Tante Heidrun drei Jahre später. Opa war im Krieg, doch das Einzige an Erinnerung war eine Verwundung des Fußknöchels, eine Granate traf ihn und zwang Opa dazu, ein Leben lang in ganz klobigen, für uns Kinder ganz hässlichen orthopädischen Schuhen zu laufen und Schmerzen zu ertragen. Opa hatte schon eine Ausbildung als Friseur in Schmiedeberg absolviert und arbeitete, als er aus der Gefangenschaft zurückkehrte, im Friseursalon Handke in Cunersdorf in der Nähe von Annaberg. Die Familien schienen sich gut zu verstehen, denn Frau Handke wurde die Patentante meines Vaters. Später siedelte Opas Familie dorthin um. Jahre später absolvierte Opa die Meisterschule für Friseure in Karl-Marx-Stadt (heute: Chemnitz) und eröffnete sein eigenes Friseurgeschäft. Da ging ich als Kind gerne hin, schaute zu, wie Opa frisierte, sah die Haarsträhnen auf den Boden gleiten, die Haarnadeln im Haar der Damen verschwinden und das Trinkgeld in die Kittelschürzen der Angestellten wandern. Später wollte ich unbedingt diese, heute scheußliche Dauerwelle, haben. Mein Opa schien im Erzgebirge „angekommen" zu sein.

Oma Käthe, Opas Frau und Mutter von Vati und Tante Heidrun, hatte Verkäuferin gelernt und in einem Laden Namens E-Happe in Annaberg gearbeitet. Dort nur eine Zeitlang beschäftigt, wurde sie Hausfrau und Mutter. Oma Käthe stammte aus Kleinrückerswalde im Erzgebirge. Auch über das Kennenlernen der Großeltern ist leider nichts mehr bekannt. Oma erkrankte an Gebärmutterhalskrebs und starb, mit nur 52 Jahren, 1967 vor meiner Geburt. Opa lebte lange, er arbeitete nach seiner Pensionierung noch als Pförtner in einer kleinen Konfektionsfabrik in Cunersdorf, heiratete noch einmal und starb 1999 im Altersheim.

Eine aus meiner Sicht lustige Geschichte ist jene, welche mein Vati oft erzählte, und zwar, dass er zu seiner Einschulung 1947 in der Schultüte Brote hatte. So wie ich als Kind von einer Melone nur für mich träumte, beglückte es meinen Vater, sein eigenes Brot zu dieser Zeit zu besitzen.

Tante Heidrun hatte als junges Mädchen dicke, lange Haare. Sie diente Opa im Salon einige Male als Frisurenmodell. So hatte sie auf dem Schulfest, welches mit einem Festwagen des Friseursalons Handke begleitet wurde, eine wundervoll gebundene Biedermeierfrisur, die ihr Vater ihr gezaubert hatte. Sie fand sich allerdings albern damit und schämte sich im Alter von 14 Jahren vor ihren Schulkameraden. Doch auch die Tochter des Herrn Handke und die Tochter des Fleischermeisters standen mit auf dem Wagen. Allerdings trugen sie nur Perücken. Auch wurde Tante Heidrun oft mit ihrem schönen Haar zur Vorführung oder als Model in der Lehrlingsausbildung herangezogen. Es existiert noch ein schönes Bild dazu.

Onkel Richard (geb. 1934), Tante Annegret (geb. 1935) und Mutti (geb. 1944) sind alle drei im Haus in Groß Jestin, heute Goscina, in Westpommern, geboren. Das Haus mit angrenzendem Garten hatte Opa Johannes von seinem Vater bekommen. Opa war, schon wie sein Vater, Schuhmachermeister und hatte im Haus seine eigene Werkstatt und einen Verkaufsladen. Zu dieser Zeit gehörten auch 2 Dienstmägde zum Haus meiner Großeltern, die in der Küche, im Garten und mit den Kindern halfen. Es existiert die Geschichte, dass eine Magd bei der Geburt meiner Mutter meine Oma (Hausgeburten damals üblich) helfend unterstützte und meine Oma sie dann fragte, wie das Kind heißen soll. Die Magd fand den Namen Bärbel schön, so dass das neue Erdenwesen im Mai 1944 ab nun Bärbel gerufen wurde. Diese kleine Begebenheit zeigt, welch vertrautes Verhältnis im Hause Zubke auch zu den Dienstmädchen bestand. Eines der Mägde war eine Polin. Für sie war es verboten, mit den deutschen Familien zusammen zu essen, doch meine Oma widersetzte sich dem und ließ sie stets heimlich mit ihnen speisen. Auch patrouillierten verschiedene Male Soldaten der russischen oder polnischen Mächte durch den Ort und beobachteten die Bevölkerung. Wenn sie so auf Streife durch den Ort schlenderten, hier und dort in die Häuser eindrangen, legte sich meine Oma stets mit den beiden Mägden ins Bett, um diese vor einer möglichen Vergewaltigung zu bewahren. Wenn die Soldaten zu aufdringlich und frech wurden, konnten sich die Bewohner in der Kommandantur beschweren, falls sie es sich trauten und die Kommandantur brachte dann angeblich tatsächlich die Soldaten zur Räson.

Opa war noch in den letzten Jahren des 2. Weltkrieges einberufen worden. Doch leider oder zum Glück litt er an schwerwiegenden Magenproblemen, so dass sie ihn nicht an der Front einsetzen konnten und er wieder nach Hause zurückkehrte. Das Essen war knapp und wenn vorhanden, nährte es wenig und Opa starb zum Ende des Krieges, er verhungerte sozusagen daheim.

In der Zeit der Vertreibung aus den ehemaligen deutschen Gebieten verbargen sich die Einwohner von Groß Jestin erst einige Wochen im angrenzenden Waldstück, immer mit dem Hintergedanken, vielleicht wieder nach Hause zu dürfen. Doch der Hoffnung wurden sie schnell beraubt. Die Wehrmacht zwang Oma Papiere zu unterzeichnen, dass sie das Land mit ihrem Einverständnis verließe, sozusagen freiwillig. Es hieß, am Bahnhof einfinden und mit dem Zug das Gebiet verlassen. Sie durften noch einmal in ihre Häuser und dann sollten sie diese lange nicht oder nie wiedersehen. Oma, die Kinder und Mägde zogen sich so viel Kleidung übereinander, dass sie sich gerade noch bewegen konnten. Als wichtig erachtete Dinge versteckten sie im Kinderwagen, Besteck und für sie wertvolle Sachen wurden in den Treppenstufen des Hauses deponiert und so beugten sie sich ihrem Schicksal und erreichten den Bahnhof. Dort wurden sie jedoch angeschrien, die Kinder aus den Wagen zu nehmen und in den Güterwagen zu klettern. Alles, was sie nicht am Leibe trugen, verloren sie in ihrer alten Heimat. Als die Menschen verladen waren, dicht aneinander gekauert, Kinder wimmernd, Alte stöhnend, gingen die Soldaten mit den Maschinengewehren im Anschlag durch die Menschengruppen und lauthals forderten sie: „Uhri, Gold". Meine Oma hatte eine ihr sehr am Herzen liegende Brosche im Innenfutter ihres Mantels angesteckt. Ihr Sohn Richard hatte es gesehen und war sehr in Angst vor Entdeckung und Bestrafung. Er wagte kleinlaut zu sagen: „Mutti, du hast noch die Brosche im Mantel." Aufbrausend zischte die Stimme von Oma: „Junge sei bloß still!". Doch der 10-Jährige schien die Gefahr unter der Jacke zu spüren und gab keine Ruhe. Um weitere Diskussionen zu verhindern und keine Aufmerksamkeit auf sich und die Kinder zu lenken, riss Oma die Brosche vom Mantel und schmiss sie aus dem fahrenden Wagon.

Mirela, Oktober 2018

Danke, Astrid, dass du dir die Mühe gemacht hast, der Familiengeschichte nachzugehen. Das ist keine leichte Sache. Ich las deine Erzählung mit großem Interesse und wurde mir bewusst, dass etwas fehlte. Ich las über die Ereignisse, die deine Tante berichtete. Gewisse Situationen, wie z.B. die mit dem Brosche, wurden sehr genau beschrieben, doch ich konnte sie trotzdem nicht ganz begreifen, es war, als ob die Geschichte von etwas abgetrennt wäre und dieses Etwas fehlte. Vielleicht ist das meine Vorstellung, vielleicht aber auch nicht. Ich kenne dieses „Fehlende" aus den Erzählungen meiner Familie. So erzählte meine Großmutter oft Geschichten aus ihrer Jugend oder aus der Zeit, als sie eine junge Mutter war, doch es fehlte die Beschreibung ihres nachfolgenden Lebens. Mir fehlte zum Gesamtbild, der Faden, der die verschiedenen Geschichten ihres

Lebens, miteinander verbindet, wie die aneinandergereihten Perlen einer Kette von einem Faden verbundene werden, so dass sich das Bild in einer logischen, oder zumindest verständlichen Weise ergibt.

Ihre Geschichten waren meist lustige, fröhliche Geschichten, die sie als junges, gutaussehendes Mädchen oder junge Frau beschreiben. Wenn ihre Geschichten vor dem Hintergrund des Krieges handelten, einer Zeit, zu der sie eine junge Frau rund um die dreißig war, hörten wir nicht viel vom Krieg selbst, im Vordergrund stand immer nur, dass die Familie öfter hungrig als satt war und ein großer Mangel an Salz herrschte. Die einfachen Speisen, die ohne Salz zubereitet werden mussten, schmeckten wahrscheinlich noch schlechter als sie mit Salz geschmeckt hätten. Aber es kann sich doch nicht alles nur um Salz drehen! Doch, das war alles, was wir hörten und erfuhren. Salz im Haushalt hatte für meine Großmutter den Stellenwert von Gold! Sie erzählte auch von vielen Freundschaften, die in dieser Zeit entstanden waren und lebenslang anhielten. Ich kann mich sehr gut an eine Frau erinnern, von der meine Großmutter immer wieder berichtete. Sie hatte während des Krieges in einem kleinen Laden gearbeitet, war aber längst in Pension, als ich sie kennenlernte. Meine Großmutter erzählte, dass sie ihr immer eine größere Ration Brot gegeben hätte, als ihr auf Grund der „Kriegskarte" zugestanden wäre. Oft hätte sie ihr auch noch heimlich etwas Salz zugesteckt. Offensichtlich hatte die Frau Mitleid mit meiner Großmutter, die vier kleine Kinder zu Hause zu versorgen hatte und einen kranken Mann, den sie pflegen musste.

Mein Vater war Jahrgang 1934. Er sprach nie von seiner Kindheit. Es klang aber durch, dass es nicht leicht gewesen sein muss, als einziger Sohn und noch dazu als der Älteste in der Familie aufzuwachsen, der im Haushalt mithelfen musste. Wir wussten, dass er Polenta hasste. Meine Mutter kochte hin und wieder für sich selbst Polenta, doch er aß nie mit. Vermutlich hatte er während des Krieges zu viel davon bekommen. Sein Vater dagegen, mein Großvater, aß freitags immer ohne Ausnahme seine Polenta mit Sauermilch – eine seiner fest eingefahrenen Gewohnheiten, die er nicht aufgeben wollte oder konnte. Ich verstehe, dass sich die Menschen ungern an schmerzliche, traurige Erlebnisse erinnern und darüber auch nicht sprechen möchten, weil das ihren Schmerz wiederbelebt. Ich nehme an, das war der Grund, warum ich meinem Vater nie nach seinen Kriegserlebnissen befragte. Durch dieses Unwissen entstand allerdings eine große Lücke in dem Verständnis, das ich für meinen Vater hatte. Ja, wir Menschen könnten den anderen niemals als Ganzes erfassen, dies kann immer nur unser Bestreben sein, das im Voraus zum Scheitern verurteilt ist. Damit muss man sich abfinden.

Meine Großeltern stammten von der kroatischen Küste und kamen 1939 nach Zagreb. Wahrscheinlich zogen zu dieser Zeit viele Menschen freiwillig in die Städte, um ein besseres Leben zu finden. Mich schmerzt es zu lesen, dass deine Großeltern zwangsübersiedelt wurden. Natürlich wusste ich, dass Ähnliches vielen passierte und auch heute noch an vielen Orten der Welt geschieht. Trotz all dem Schmerz und der Trauer über den Verlust, den die Zwangsübersiedlung verursacht haben muss, finden die Menschen erstaunlicherweise immer noch genug Energie und Überlebenswillen, um anderswo von Neuem zu beginnen und Fuß zu fassen. Was unbeantwortet bleibt sind, wie ich glaube, diese fehlenden von Gefühlen begleiteten Fakten aus der Vergangenheit. Man weiß einfach nicht, was die Menschen damals durchmachten, wie das Leben aussah. Trotzdem, unsere Vorfahren gaben etwas an uns weiter, ohne es je auszusprechen oder zu erklären und wir saugten dieses „etwas" ein, ohne definieren zu können, was es war: Schmerz, Angst, Scham oder Geheimnisse.

Meine Mutter musste über achtzig Jahre alt werden, um mir etwas aus ihrer Jugend erzählen zu können. Ich versuchte sie früher öfter über die Vergangenheit zu befragen, doch ich spürte, dass sie nie den Wunsch hatte, etwas über diese Zeit zu erzählen. Es war, als ob ein Mantel des Schweigens über Vergangenes gelegt werden sollte: „Das war vor langer Zeit, es waren schwierige Zeiten, wenig Erfreuliches ist geschehen, das war alles nicht so wichtig". Als ich dann irgendwann über eine Familiengeschichte aus einem Buch erzählte, wurde ich zutiefst überrascht, als auch sie anfing, über die Vergangenheit zu sprechen. Von da an war das Eis gebrochen. Manchmal nahm ich auch ein Diktiergerät zu Hilfe, um ihre Worte aufzunehmen. Manchmal wusste sie nicht, dass ich ihre Erzählungen aufnahm, manchmal sagte ich es ihr, merkte aber, dass es für sie einen Unterschied machte und sie dadurch abgelenkt wurde. Es schien, als würde sie vorsichtiger mit ihren Worten umgehen, ihre Worte filtern, um sie nicht als Beweise zu hinterlassen. Ich bemerkte eine gewisse Unsicherheit oder vielleicht auch Angst davor, was geschehen könnte, falls das aufgenommene Material in falsche Hände geraten sollte. Diese inhärente Unsicherheit gab sie an uns Kinder weiter. Allerdings blieb sie mehr an mir als an meiner Schwester hängen. Ich wandelte sie mit großer Vorsicht in meinem Verhalten um. Selten stürze ich mich in das Leben, ohne vorher genau zu überlegen, oder besser - ich beobachte und überlege, bevor ich agiere und gehe selten rasch vorwärts, ohne Vorsicht walten zu lassen. Seit ich gewisse Geschichten von meiner Mutter gehört habe, kann ich einiges viel besser verstehen - auch mich selbst und meine Reaktionen. Das meinte ich vorhin mit dem „Fehlenden".

Da gibt es noch so ein Kapitel, das mich beschäftigt, obwohl ich damit nicht selbst persönlich konfrontiert wurde. Viele Menschen wurden zwangsübersiedelt und zogen einfach in leere Häuser ein. Das geschieht wahrscheinlich während jeden Krieges oder unmittelbar nach dem Krieg. Ich frage mich dann immer, wie es möglich ist, in fremden Häusern zu wohnen, die zum Teil noch von den ehemaligen Besitzern ausgestattet und mit Bildern an den Wänden geschmückt worden sind. Das ist für mich undenkbar. Anderseits ist es vielleicht für mich so undenkbar, weil ich immer ein Dach über dem Kopf hatte und noch niemals in einer so verzweifelten Situation war, in ein fremdes Haus einziehen zu müssen. Ich nehme es niemandem übel, dass er sich ein fremdes Haus aneignet, sofern er sich in einer Notlage befindet und vorausgesetzt, dass das Haus unbewohnt ist. Doch ich frage mich, wie konnten sie damit leben, wie konnten sie in diesen Häusern ruhig schlafen? Das gilt sowohl für jüdische Wohnungen zu Kriegszeiten als auch für die Häuser der Donauschwaben in der Nachkriegszeit. Ich denke, ich könnte in einem solchen Haus oder in einer solchen Wohnung niemals ruhig schlafen. Aber vielleicht ist das auch eine Selbsttäuschung, ich hoffe, ich werde niemals in die Lage kommen, meine Haltung in der Realität überprüfen zu müssen.

Es gibt da noch etwas, das mich oft beschäftigt. Glauben die Machthaber wirklich, dass sie nur den Namen einer Ortschaft zu ändern brauchen, um auch seine Geschichte auszulöschen? Du nanntest Chemnitz, das zu Karl-Marx-Stadt wurde, als Beispiel. Es gibt noch Dutzende andere Beispiele, von welchen wahrscheinlich Petrograd – Leningrad das bekannteste ist. Es mag manchmal der Versuch sein, eine gewisse Gerechtigkeit zu üben, aber oft ist es meiner Mainung nach eine bloße Machtausübung. So viel über ein schwieriges Thema, wir sollten nun Fröhlicheres besprechen

Feiertage

Mirela, November 2018

Astrid, wie waren deine Feiertage in dem alten System bzw. welche Feiertage habt ihr überhaupt gehabt und gefeiert?

Bei uns gab es eine gewisse ‚Aufteilung' der Feiertage: Die staatlichen, die publik/offiziell waren und in der Öffentlichkeit gefeiert wurden, oder besser gesagt, gefeiert werden mussten, und die christlichen, die in der Familie gefeiert wurden und die man in der Öffentlichkeit mit keinem Wort erwähnte bzw. erwähnen durfte, außer man verplapperte sich. So war es in meiner Familie und den Familien vieler meiner Freunde. Es gab mehrere staatliche Feiertage, welche davon der wichtigste war, ist aus der Perspektive eines Kindes schwer zu sagen. Rückblickend habe ich den Eindruck, dass jeder Feiertag mit einem Klassenaufsatz verbunden war. So gesehen, waren alle Feiertage ziemlich gleichwertig. Auf jeden Fall waren sie regelmäßig über die Zeit des ganzen Schuljahres verteilt. Die Feiertage untereinander unterschieden sich nach den Titeln der jeweiligen Aufsätze, die wir zu schreiben hatten, obwohl es da auch keine allzu gravierenden Unterschiede gab. Meistens ging es um den Kampf der Partisanen, den Befreiungskrieg und „Kamerad Tito", dem wir schworen, immer treu zu bleiben etc. Im April fing es an. Zuerst bekamen wir die Titel der Aufsätze: „Brief an den Kameraden Tito" oder

„Glückwünsche an unseren Kameraden Tito". Damit waren wir ein paar Wochen lang beschäftigt, bis der beste Brief der Klasse, dann der beste der Schule, dann der beste Brief des Bezirks usw. bis hinauf zur höchsten Verwaltungseinheit des Staates ausgewählt worden war. Tito feierte seinen angeblichen Geburtstag am 25. Mai im Fußballstadion in Belgrad, der Hauptstadt des damaligen Landes, mit „seiner" Jugend, seinen Pionieren, seinen Parteikameraden, mit der gesamten Arbeiterklasse. Wir alle waren die „Seinen", also sein Besitz, nehme ich an. Das große Ereignis im Fußballstadion umfasste sportliche Aufführungen von unterschiedlichen Gruppen, Musikdarbietungen, die von Lichteffekten begleitet waren und mit der Übergabe der Staffel an Tito gekrönt wurden. Vor diesem heiligen Moment wurde es meistens im Stadion für ein paar Sekunden dunkel, um die Erregung der anwesenden Menschenmassen zu steigern. Die Staffel enthielt den Brief: den besten Brief von allen (heute würde ich gerne wissen, von wem und nach welchen Kriterien er ausgesucht worden war). In diesem Brief waren die guten Wünsche der ganzen nun vereinten Nation, die aus den verschiedenen Völkern und Nationen zusammengebastelt worden war, enthalten. Immer gespickt mit politischen Parolen wurde dieser Brief von dem/der Beste(n) vorgelesen, der/die dieser besonderen Aufgabe würdig war. (Eine sehr gute, beispielhafte politische Vergangenheit war die Voraussetzung, genügte allein aber nicht. Es spielte auch eine große Rolle, welcher Nationalität die Person war. Die Nationen, bzw. deren Vertreter wechselten einander ab, so ähnlich wie heute die EU Präsidentschaft. Ich kann mich nicht mehr so genau an die Namen dieser Staffelübergeber erinnern. Nur ein einziges Mal wurde die Staffel von einem Arbeiter an Tito übergeben, ein anderes Mal von dem Präsidenten irgendeiner kommunistischen Vereinigung. Jedenfalls, so glaube ich, hatte diese große Ehre niemals jemand, der älter als 40 Jahre war. Es waren sowohl Männer als auch Frauen oder auch Paare, welchen diese große Ehre erwiesen wurde. Die Veranstaltung in Belgrader Stadion war ein gut organisierter und präzise geplanter Zirkus für die Massen, wie man ihn auch noch heutzutage in Nordkorea (nicht nur dort) sehen kann.

Wir wurden aufgefordert (ermutigt), uns diesen Zirkus im Fernsehen anzuschauen, der meistens schon am Spätnachmittag anfing. Der Höhepunkt, nämlich die Übergabe der Staffel, fand erst am Abend statt, zu einer Zeit, als wir nicht mehr in der Schule waren. Nicht zuzusehen, war keine kluge Entscheidung, da wir meistens schon am nächsten Tag oder doch spätestens am Ende der Woche unsere Eindrücke in der Schule aufschreiben mussten, wir hatten keine andere Wahl. Hatte man dieses Ereignis ein- oder zweimal gesehen oder auch nur ein paar Minuten auf dem Fernseher verfolgt, wusste man schon, worum es sich handelte. Daher konnte man sich sehr allgemein, ohne allzu viele Details anzuführen, ausdrücken und sofern man auf der Gefühlsebene blieb, genügte es, absolut nichtssagend eine Seite Papier zu beschreiben. Eine halbe Seite genügte nicht, eine Seite war akzeptabel, aber eineinhalb Seiten garantierten eine gute Note. Ich war ziemlich gut in dieser Hinsicht: ab ca. der dritten Klasse genügten mir einige Minuten und ein paar Bilder auf dem Bildschirm, um die Begeisterung im Stadion und die Atmosphäre einzufangen, bzw. zu erfinden. Niemand wäre auf die Idee gekommen, außer ich hätte kompletten Unsinn geschrieben, meine Wahrnehmung dieser Veranstaltung zu überprüfen. Zum Glück! Andererseits wäre das ja sowieso unmöglich, da man persönliche Wahrnehmungen kaum überprüfen kann (bestrafen – schon!). Je positiver die Eindrücke geschildert wurden, desto leichter war es, eine gute Note zu bekommen, wobei auch der Stil und die Grammatik wichtig waren. Ich kann mich noch gut erinnern, dass ein Bub, der neben mir saß, immer sehr gerne von mir abschrieb, weil seine Inspiration nicht sehr ausgeprägt war. Manchmal bekamen wir für einen solchen Aufsatz auch zwei Titel und konnten einen davon auswählen. Die beiden Titel mussten sich nicht signifikant unterscheiden, die Möglichkeit der Wahl war rein formell. Ich war so gut trainiert, dass mir Phrasen wie „Kamerad Tito, wir lieben dich" oder „Was ich mir von dir, Tito, wünsche" nichts ausmachten. Ich war jederzeit in der Lage, einen passenden Aufsatz (eigentlich einen Sch..) zu produzieren. Auch heute noch kann ich wie auf Knopfdruck alles was ich sehe sehr genau und der realen Situation entsprechend beschreiben, oder aber, soweit notwendig, Teile erfinden – je nachdem, was gefragt wird. Diese Geschichten hier sind aber keineswegs erfunden, sie sind gespeicherte, in mir tief vergrabene Erinnerungen.

Vom allerersten Schultag an, der irgendwann Mitte September war, wurden wir langsam darauf vorbereitet, dass wir alle am 29. November zu Titos Pionieren werden würden. Wir würden, so wurden wir instruiert, diesem Verein, der schon tausende Mitglieder vor uns aufgenommen hatte, beitreten dürfen. Eigentlich hätte es heißen sollen „müssen", denn es gab keine Möglichkeit sich auszuschließen. Nur gute Schüler, so sagte man immer wieder, würden aufgenommen werden, was eine große Lüge war und nur als Motivationsfaktor dienen sollte. Ich wiederhole: Alle bis zum letzten Schüler mussten den Pionieren beitreten. Damals war die geschlechtliche Gleichstellung, die heute für so viel Unruhe sorgt, noch kein Thema, also waren wir nicht Pionierinnen und Pioniere, sondern alle einfach Pioniere. Nicht dass mir das damals etwas ausmachte oder mich störte. Im Kopf eines Kindes, das nicht in den staatlich geführten Kindergarten gegangen und dort möglicherweise auf die Pionier-Zukunft vorbereitet worden war, sondern zu Hause bei den Eltern und einem Kindermädchen, das kaum schreiben konnte, aufgewachsen war, hatte der Pionier-Verein absolut keine Bedeutung und somit machte ich mir keine großen Gedanken. Meine Mutter dagegen schon, da es spezielle Elternabende gab, in welchen erklärt wurde, was die Eltern für uns zum Tag der Republik am 29. November besorgen sollten. Zu unserer Ausstattung gehörte für die Mädchen eine weiße Bluse, ein dunkelblauer Rock und weiße Strümpfe, die glatt gestrickt, also ohne Muster und ohne Löcher, sein sollten. Für die Buben waren Hemd und Hose in gleicher Farbkombination vorgesehen. Außerdem benötigten wir noch eine dunkelblaue Pionierkappe mit dem roten Stern in der Mitte, die sogenannte „Titovka", und einen roten Schal. Dies alles besorgte die Schule, natürlich gegen einen entsprechenden Betrag, der von uns Schülern ein paar Tage nach dem Elternabend einkassiert wurde.

Die Kappen gab es in zwei Größen, die größere war für die Buben gedacht, die kleinere für uns Mädchen. Die Lehrerin verteilte sie in der Klasse ein paar Tage vor dem großen Ereignis. Als ich meine aufsetzte, war mir sofort klar, dass sie zu klein war. Ich bat also um eine größere, aber die größeren Kappen waren schon ausgegangen. Wie auch immer ich die kleine Kappe drehte und wendete, sie saß nicht stabil auf meinem Kopf und rutschte immer wieder seitlich hinunter. Ich hatte Angst, dass ich sie verlieren würde. Außerdem wurde uns eingeschärft, dass wir die Kappen keinesfalls mit Haarklammern befestigen durften. Somit war die einzig mögliche Lösung dahin. Ich war ziemlich verzweifelt.

Den Pulli strickte eine Bekannte, die sich mit Strickerei zusätzlich etwas Geld verdiente, für mich. Meine jüngere Schwester bekam den gleichen Pullover, da jedes Mal wenn eine von uns etwas Neues bekam, auch die andere aus Gründen der Gerechtigkeit gleich ausgestattet wurde. Sie erbte allerdings zusätzlich noch die Kleidungsstücke, die mir zu klein geworden waren.

Der weiße Pulli hatte vorne ein Muster: Zwei dezent geflochtene, senkrechte Streifen. Er saß relativ eng an meinem Körper und die Wolle kratzte mich etwas. Meine Strümpfe verursachten eine Diskussion, da sie nicht aus Nylon sondern aus Baumwolle waren und nicht glatt, sondern gestrickt waren. Meine Mutter gab nicht nach: Keine Nylonstrümpfe! Ich wäre zu klein für so etwas und außerdem wären sie ungesund. (Daraus ließe sich schließen, dass wir heute sehr ungesund gekleidet sind, da vieles aus Synthetik hergestellt wird, aber es ist – billig).

Ich kann mich an nichts, an absolut nichts von dem großen Empfang im Pionier-Verein erinnern. Ich sah mir später die Fotos an, aber meine Erinnerung kehrte nicht zurück. Was mir aber in Erinnerung blieb, war ein Tag im Mai, an dem ich vom Haus meiner Großeltern aus zur Schule ging. Ich hatte den kratzenden Rolli an und trug den roten Schal und die zur Hälfte gefaltete Pionierkappe in der Hand. Ich versuchte sie in meiner kleinen Faust zusammenzupressen, um sie zu verstecken oder unsichtbar zu machen. Ich setzte sie nicht auf, weil ich mich für die viel zu kleine Kappe schämte, die mir sicher von meinem inzwischen noch größer gewordenen Kopf gerutscht wäre. Auch der rote Schal war nicht etwas, das ich als Schmuck oder modisches Detail empfand. Ich schämte mich eigentlich auch dafür, dass ich so rot-weiß-blau zur Schule gehen musste und fühlte mich wie ein Kasperl. Dieses Gefühl, unpassend angezogen zu sein, begleitete mich immer, wenn es um staatliche Feiern ging. Sie schienen mir künstlich zu sein, nichts anderes als gut vorbereitete Lügen. Ich hasse auch heute noch künstlich aufgesetzte Dinge und Situationen! Ich brauche Spontanität, Kreativität und Wahrheit in meinem Leben!!

Alle diese Feiern, ob es nun 29. November, der 1. Mai oder der 25. Mai war, glichen einander in meinen Augen und waren für mich ohne wirkliche Bedeutung! Schön war bloß, dass wir an manchen Feiertagen schulfrei hatten. Der Ablauf eines solchen Feiertags war immer gleich, egal um welchen Feiertag es sich handelte: Alle Schüler versammelten sich in der großen Halle im Erdgeschoss, die das Zentrum der Schule war. Einige Säulen trennten die Halle von den Gängen. Links und rechts hinter den Säulen waren die Eingänge zu den Klassenzimmern der höheren Schulstufen, also jenen ab der 5. Klasse. In dieser Halle gab es viele Reden und Musik, doch keine Getränke oder Essen.

Wir blieben von einem Aufsatz zur Feier des 27. Juli, dem Tag des Aufstandes, verschont, weil dieser Tag in der Mitte der Sommerferien lag. Nachgeholt wurde das für den Tag zu Ehren der Armee am 22. Dezember. Das war die gleiche Armee, die dann knappe 20 Jahre später auf die Menschen des eigenen Volkes schoss und seine Städte zerstörte.

Der Tag der Frauen am 8. März stellte dafür eine Abwechslung dar. Wir bastelten Geschenke für unsere Mütter, verpackten sie und schrieben Karten. Als ich in der dritten Klasse über drei Wochen krank war, war ich tief traurig, dass ich kein Geschenk für meine Mutter machen konnte. Es half nicht einmal, dass mein Vater und meine Lehrerin übereinkamen, dass sie ein Geschenk für meine Mutter vorbereiten würde, welches ich dann meiner Mutter überreichen konnte. Die Lehrerin bastelte einen kleinen Kalender, der auf einem Band aus Jute befestigt war. Darunter waren kleine gelbe und weiße Kreise aufgeklebt, die eine Blume formten. Da ich das Geschenk nicht selbst gemacht hatte, wollte ich es nicht meiner Mama schenken. Ich weinte bitterlich und gab nicht nach. Von meiner damaligen Sturheit ist mir ziemlich viel geblieben.

Das Schulsystem im ehemaligen Jugoslawien sieht vor, dass alle Kinder die ersten vier Jahre gemeinsam in einer Klasse von einer Lehrerin unterrichtet werden. haben. Ab der vierten Klasse war eine zusätzliche Lehrerin, die Englisch unterrichtete, für uns da. Ab der fünften Klasse blieben wir im gleichen Schulgebäude mit unseren Klassenkameraden zusammen, hatten aber für jedes Fach eine andere Lehrerin und der Unterricht fand jeweils in einem anderen Klassenzimmer statt. Kurz gesagt, in den Pausen zwischen den Unterrichtsstunden packten wir unsere Sachen und wechselten das Klassenzimmer.

An Festtagen stand seitlich in der Halle die jugoslawische blau-weiß-rote Fahne mit dem roten Stern in der Mitte. Neben ihr war die kroatische rot-weiß-blaue Fahne ebenfalls mit dem roten Stern, die Fahne der Republik, aufgepflanzt. Hinten an der große Wand standen immer irgendwelche passenden Parolen in riesigen weißen oder roten Buchstaben wie:

„Proletarier aller Länder vereinigt euch" oder „Kamerad Tito, du bist unser, wir sind dein" und Ähnliches. Selbstverständlich sah uns Tito auch von jeder Wand aus an. In allen Klassenzimmern hing sein Bild, in (Kriegs-)Uniform oder im Anzug mit Krawatte. Die Buchstaben für die Parolen an der Wand wurden von den Schülern mit Hilfe der Lehrer ausgeschnitten und befestigt. Nicht nötig zu sagen, dass das nicht die Aufgabe von irgendwelchen sondern von ausgewählten Schülern war. Das gleiche galt für die Lehrer. Ja, im Kommunismus waren alle gleich, aber einige waren eben gleicher (siehe Orwell). Ich ärgere mich immer wieder, wenn sich manche Träumer nur an den ersten Teil dieses Satzes erinnern und die „großartige" Vergangenheit beweinen.

Dank einer Einladung, einen Vortrag zu halten, schlief ich fast 25 Jahre nach Titos Tod in seiner Villa in Bled, in seinem ehemaligen Zimmer, in dem Bett, das er angeblich mit seiner dicken Frau Jovanka geteilt hatte. (Ich prüfte aus verständlichen Gründen die Matratze – die war neu, also vielleicht war nur das Bettgestell ein „Original".) Bled in der Oberkraina in Slowenien war eine seiner beliebtesten Sommer-Residenzen in Ex-Jugoslawien. Er hatte mehrere, so wie es sich das für einen guten Kommunisten gehörte, der den Massen etwas predigte, das er selbst nicht lebte. Heute ist das Haus ein Hotel. Als ich es betrat, überfiel mich ein Gefühl, als wäre ich 30 Jahre zurück in die Vergangenheit geschleudert worden: Bilder vom Partisanenkampf an den Wänden, Möbel aus den Siebzigern, Vitrinen mit Schmuck und Zigarillo-Schachteln (Tito rauchte gerne Zigarillos, die ihm angeblich sein Freund und Kamerad Fidel Castro regelmäßig schickte), riesige Empfangsräume, große bemalte Porzellanvasen mit fernöstlichen Motiven in allen Ecken und sogar Topfpflanzen. Alles authentisch, wurde mir gesagt. Mein Zimmer hatte einen Blick auf den See und eine Terrasse, die groß genug war, um dort Tennis spielen zu können. Ja, so hat der Kommunismus für manche Menschen ausgesehen.

Wie vorhin erwähnt, feierten manche Menschen außer staatliche Feiertage auch die kirchlichen, also christliche Festtage. Damals wussten wir, dass einige unserer Schulkameraden Muslime waren. Es war nie die Rede davon, dass sie einen nicht-staatlichen Feiertag begingen. Entweder sie waren nur nominell Muslime, keine gläubigen Menschen, und feierten deshalb nicht, oder sie feierten wie wir – heimlich. Einige der Muslime in meiner Klasse waren Söhne und Töchter von Tito's Berufssoldaten.

Zu den wichtigsten Feiertagen meiner Familie gehörten natürlich Weihnachten und Ostern. Zu Ostern färbten wir Eier zu Hause. Das machte mein Vater mit uns am Samstagnachmittag. Rote, grüne und violette Eier gelangen immer, nur die blauen Eier sahen fleckig aus, da die blaue Farbe meist schlecht war. Die Aufgabe meines Vaters war auch die Zubereitung des Osterschinkens, während meine Großmutter die Pinze backte und dafür mindestens 30 Eier verbrauchte. Jedes Kind erhielt ein eigenes „Pinzchen" in einer bestimmten Form, in deren Mitte ein Ei eingebettet war. Da Ostern natürlich immer auf einen Sonntag fiel, war es einfach ein geheimes Familienfest zu feiern.

Weihnachten dagegen gestaltete sich schwieriger, weil es auch auf einen Wochentag fallen konnte. Weihnachten war selbstverständlich ein ganz normaler Arbeitstag, so wie es sich in einem sozialistischen Staat gehörte. Offiziell gab es Weihnachten nicht, wurde aber in den Familien gefeiert. Genauer gesagt, wurde Weihnachten von bestimmten Teilen einer Familie gefeiert und Freunden und Kollegen, von welchen man genau wusste, dass sie ebenfalls feiern, wurde gratuliert. Ich wusste ganz genau, wem in der großen Familie zu Weihnachten gratuliert werden durfte und wem nicht. In Anwesenheit mancher Onkel meiner Mutter sprachen wir nie über die Kirche, die Religion oder den Glauben. Sie waren gut in dem System eingebettet, ihr Interesse galt mehr dem irdischen als dem himmlischen Leben und sie kümmerten sich nicht viel um ihre eigene Seele. Manche waren überzeugte Kommunisten und glaubten fest an das System. Einige waren auch Parteimitglieder und kombinierten die eigene Überzeugung mit all den Vorteilen, die eine Mitgliedschaft in der Partei garantierte: Ein besseres Leben, größere, zentral gelegene Wohnung, ein höheres Einkommen und eine angesehene Position in der Gesellschaft. Wenn wir die Onkel meiner Mutter gelegentlich besuchten, war das einzig wirklich schwer Erträgliche, was man ohne Widerspruch hinnehmen musste, ihre Schimpftiraden über Gott. Jede spontane Änderung der Mimik, die zeigen konnte, wie verletzt wir waren, war ein absolutes Tabu. In solchen

Momenten wurden das Gesicht und der Hals meiner Mutter feuerrot, während ich krampfhaft auf den Boden blickte. Als Erwachsene hörte ich mehr als einmal, dass aus meinem Gesichtsausdruck wenig herauszulesen ist. Kein Wunder! Schon als Kind übte ich, gezwungenermaßen, das Pokerface.

Wir anderen Mitglieder unserer Großfamilie besuchten einander, um die Christbäume anzusehen und zu bewundern.

Ich begleitete meinen Vater an einem Abend vor Weihnachten oft zum Markt, um den Tannenbaum zu kaufen. Unser Christbaum war immer mindestens zwei Meter hoch und mit einer Spitze aus Glas und vielen bunten Glaskugeln geschmückt. Jedes Jahr wurden einige neue Kugeln sorgfältig ausgesucht und gekauft, um die bestehende Sammlung zu erweitern. Am aufregendsten war der Morgen des 25. Dezember, an dem wir unsere Geschenke unter dem Christbaum fanden und öffneten. Wir hatten keine Briefe an das Christkind oder an Santa Claus geschrieben und bekamen trotzdem unsere Geschenke.

Santa Claus kam zwischen Ende November und Mitte Dezember zu uns. Eigentlich kam er nicht, sondern wir besuchten ihn. Ich nahm jedes Jahr bis ich zwölf wurde an der Santa Claus Veranstaltung an der Uni, an der mein Vater arbeitete, teil. Wir saßen in einem Theater- oder Kinosaal. Ein als Santa Claus verkleideter Mann, selbstverständlich mit langen, weißen Bart und in einem rot-weißen Kostüm, rief die Namen der Kinder auf, die sich eines nach dem anderen ihre Geschenke vor der Bühne abholten. Die Geschenke waren für jeweils eine Altersgruppe gleich: gleich groß und gleich verpackt. Meistens handelte es sich um Süßigkeiten und ein kleines Spielzeug. Einmal bekam ich eine aufblasbaren Mickey Mouse. Alles viel weniger aufregend als die Vorbereitungen rund um das Weihnachtsfest zu Hause, dem Christbaum und den Geschenken darunter.

Weihnachten in der DDR

Astrid, November 2018

Endlich Weihnachtszeit. Die für mich wichtigsten Feuertage des Jahres. Die Puppenstube wurde aus dem Keller geholt. Der Kinderzimmertisch unter dem Fenster des gemeinsamen Zimmers, welches ich mir mit Silke, meiner 2 Jahre älteren Schwester teilte, aufgebaut. Wir rutschen nebeneinander auf eine Seite des Tisches, um so miteinander zu spielen. Die Puppenstube hatte 2 Etagen, in der Mitte eine Trennwand und somit bespielte jede von uns Mädchen zwei Zimmer, ein Zimmer im Unter-, ein Zimmer im Obergeschoss. So ließ eine jede in ihren Zimmern die Puppenstuben zum Leben erwachen. Es gab Tische und Stühle, sogar eine kleine Glühbirne als Decken - und auch als Stehlampe, Betten, Küchenmöbel und Utensilien, Teppiche und Gardinen. Es war alles so winzig und kindgerecht und wir agierten in unserem kindlichen Lebensverständnis für alle Figuren der weihnachtlichen Puppenstube. Wir liebten und genossen die Zeit der abendlichen Dämmerung in unserem Zimmer mit der vorweihnachtlichen Gemütlichkeit und Heimlichkeit. Fast jeden Abend, wenn sich bereits um 16 Uhr die Dunkelheit der Dezembertage einschlich, erleuchtet der im Fenster an der Puppenstube aufgestellte Schwippbogen aus dem Erzgebirge unseren kleinen Tisch und wir Kinder spielten beseelt in unserer kleinen heilen Welt. Im neuen Jahr wurde alles wieder in kleine Schachteln und Dosen verstaut, die Puppenstube wanderte bis zum nächsten bevorstehenden Weihnachtsfest in den Keller , wohlverwahrt neben eingeweckten Obstkonserven, Schuhen, die gerade unnötig für die Jahreszeit und deshalb aus Platzgründen unten verstaut wurden. Auch Werkzeuge und andere Dinge, die in der 58 Quadratmeter großen Wohnung unserer 5-köpfiger Familie keinen Platz fanden oder ein Leben als Saisonartikel fristeten, stapelten sich dort.

Die Weihnachtszeit war immer sehr anheimelnd für mich, die gesamte Wohnung war geschmückt mit berühmten weihnachtlichen Schnitzfiguren des Erzgebirges, der Heimat meines Papas. Tante Heidrun, die Schwester meines Vaters, lebt dort mit ihrer Familie und meine Eltern hatten das Glück, so einige dieser begehrten und handgemachten Räuchermännchen, Pyramiden, Bergmänner oder Tierfiguren zu erhaschen, wenn auch für ziemlich viel Geld. Erst Silkes Geburtstag am 28. November, dann meiner eine Woche später am 4. Dezember läuteten die für uns Kinder spannende und gemütliche Vorweihnachtszeit ein. Auch überraschte uns drei Kinder, mein Bruder Thomas der Dritte im Bunde, der noch ein gutes Jahr mehr zählte als Silke, am 1. Dezember ein selbst gefüllter Weihnachtskalender. Naschereien oder kleine Spielzeuge ließen unsere drei Kinderherzen jeden Morgen einen Freudensprung machen. Abwechselnd immer im sich wiederholenden Zyklus entlockte ein Kind die tägliche Überraschung dem aus Stoff selbstgenähten Weihnachtskalender und wir teilten sie auf.

Aus Berlin in der Markthalle erstandene Apfelsinen, die mein Vater von Dienstreisen in der Weihnachtszeit heimbrachte, dufteten die Tage vor Weihnachten in Kisten unter den Betten im Schlafzimmer. Sie teilten sich den Platz dort unten mit Stollen aus dem Erzgebirge, die mit extra dickem Zuckerguss fast 4 Wochen reiften und auf ihren Verzehr wartend unter dem Bett im kühlen, ungeheizten Schlafzimmer nicht in Vergessenheit gerieten.

Bald erwachte der lang ersehnte Weihnachtstag, der Heilige Abend. Was es zum Mittag gab, habe ich wirklich vergessen, unwichtig, denn das Weihnachtsfest begann für uns nach dem Mittagsschlaf. Darauf bestanden meine Eltern, denn es war ein Abend, wo auch wir Kinder lange aufbleiben und spielen durften. Als wir drei erwachten, glänzte unser Weihnachtbaum, eine Kiefer wild geschlagen, eigenhändig und verbotenerweise von meinem Vater im Wald nahe Schwedt. Sicher klopfte meinem Vater damals auch heftig das Herz, denn so wie die Tannen aussahen, war er stets so schnell wie möglich in den Wald und wieder hinausgestürzt. Doch das war egal. Meine Eltern schmückten ihn mit silbernem echten Bleilametta, welches jedes Jahr nach dem Fest wieder geglättet, in Zeitung gewickelt und fürs nächste Jahr sorgfältig verstaut wurde. Silberne Kugeln, die Favoriten meiner Mutter, zierten Jahr um Jahr den Weihnachtsbaum. Weihnachtsschmuck war rar und die alljährliche Benutzung schmälerte so nicht den Geldbeutel der 5-köpfigen Familie. Noch heute nutze ich für meinen Baum einige dieser alten Kugeln weiterhin und erfreue mich jedes Mal daran und so tauchen auch die alten Erinnerungen jedes Jahr an die Oberfläche und bleiben hoffentlich bis zum Lebensende erhalten.

Die Kerzen am Baum brannten, der erste Stollen zierte den Kaffeetisch. Ich versuchte so viel wie möglich von dem dicken süßen Zuckerguss der Stollen zu erhaschen, den Rest des Kuchens mochte ich kaum. Außerdem verschlang ich viel lieber die leckeren Plätzchen, die wir „Frauen" und auch mein Bruder, der sich sehr für die Bäckerseite des Haushalts interessierte und manch Kuchen für uns buk, mit Guss verziert, entstehen ließen.

Dann hieß es noch das Abendbrot vor der Bescherung zu genießen. Wir alle lieben diese alte Tradition des Erzgebirges oder wenigstens der Familie meines Papas aus dem Erzgebirge (ursprünglich aus Böhmen kommend) Linsen mit Bratwurst. Die Bratwürste in Milch und Mehl gewälzt und in viel Butter, die Butter, der Reichtums des Weihnachtsabends in der armen Familie-heißt es in der Tradition, gebraten wurden. Als Dessert genossen wir Weißbrotwürfel in Milch mit Nüssen. Die Tradition besagte außerdem, dass wir den Nachtisch alle aus einer Schüssel essen, einer nach dem Anderen, bis alles verputzt war. Dieser ganz wesentlicher Aspekt der Tradition besagt, dass das ganze Essen bis auf den letzten Bissen in unseren Bäuchen verschwindet, denn etwas wegzuschmeißen, konnte sich keine arme Familie leisten und das ist bis heute noch ziemlich stark in mir verankert. Auf dieses Mahl am Heiligabend freuen wir uns bis heute. Die Tradition besagt des Weiteren, dass ein ganzer Laib Brot und Salz, etwas Kleingeld und ein Geldschein auf dem Tisch dargeboten werden, eine Kerze brennt und alles bis zum nächsten Morgen so darauf verweilt. Das Brot, um immer etwas zu essen zu haben, das Geld, damit dieses nicht ausgehen mag und die Kerze um uns Licht zu spenden.

Geschafft. Die Spannung kochte. Dann war endlich Bescherung. Natürlich kam für uns Kinder, solange wir "glaubten", der Weihnachtsmann. Mal ein Nachbar, mal ein anderer Bekannter oder mein Vater selbst ;)

Oh hatten wir kleinen Mädchen Angst. Der Wohnzimmertisch diente als Unterschlupf, doch um ein kleines Gedicht oder eine Liedchen kamen wir nicht herum. Diese waren ja schließlich auch Wochen vorher in Schule oder zu Hause eingeübt worden. Na ja und die Geschenke entschädigten uns für diese Angst. Ein Haufen Geschenke schleppten meine Eltern Jahr um Jahr für uns Kinder heran. Sie gönnten sich viele Male selbst wenig, um das Fest für uns glänzen zu lassen. Puppen, Autos was unsere Herzen begehrten, meine Eltern strebten danach und hatten ihre Freude, unsere Augen strahlen zu sehen. Die erwähnten Pakete mit den getragenen Kleidungsstücken und Naschereien rundeten die Weihnachtfreude ab und zufriedene Gesichter leuchteten bei Kindern und Eltern.

Sofort probierten wir die Errungenschaften aus, wiegten die sprechende Puppe, studierten das Gesellschaftsspiel, schmückten uns mit dem neuen

Rock oder naschten die süßen Orangen, die ihrer Zeit unter dem Bett entflohen waren.

Die Weihnachtstage waren eine ruhige Zeit, abgesehen von der Vorfreude auf die Geschenkeflut.

Silvester zu Hause absolvierten wir quasi das gleiche Ritual des Tages wie am Heiligabend. Der Mittagsschlaf, das gleiche Abendbrot und dann kam zusätzlich die Feier und die Knallerei. Feuerwerk in der DDR zu bekommen, war, wie bei vielen Dingen, stets ein kleines Abenteuer. Die Kaufhalle hatte einen extra Stand eröffnet, wo die Raketen, Knaller oder Wunderkerzen erstanden wurden. Die Verkäufer begannen ihre Arbeit Silvestermorgen um 7 Uhr, doch jeder, der beabsichtigte, etwas davon zu erhaschen, reihte sich 5 Uhr morgens mit den anderen Frühaufstehern in die Warteschlangen. Geduldige Menschen, die ziemlich viel Geld in Knallkörper steckten. Als Kind hatte ich schreckliche Angst vor dem Krach. Die ersten Jahre, vielleicht bis 5/6, wollte ich zwar nachts geweckt werden, um die Raketen zu sehen, doch mein Herz raste bei dem entstehenden Knaller-und Raketenlärm. Erst in späteren Jahren wurde es erträglich und ich konnte das Spektakel etwas genießen, doch bis heute gebe ich dafür kein Geld aus, bewundere zwar die schönen Leuchtfarben, doch bin ich froh, wenn alles wieder ruhig und irgendwann auch wieder sauber auf den Straßen und Plätzen ist.

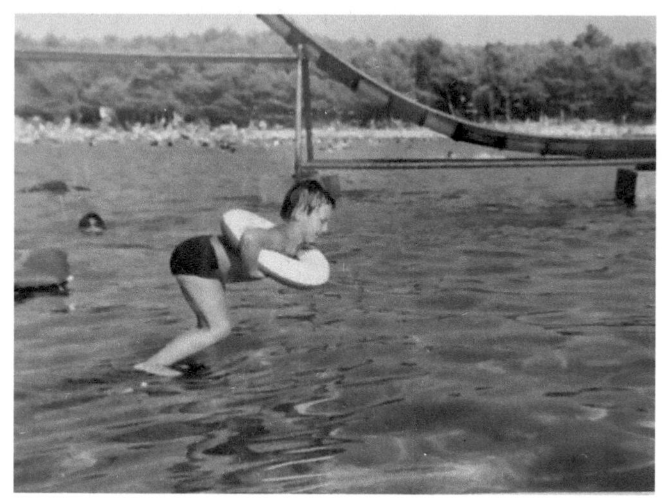

Eine begeisterte Schwimmerin Mirela

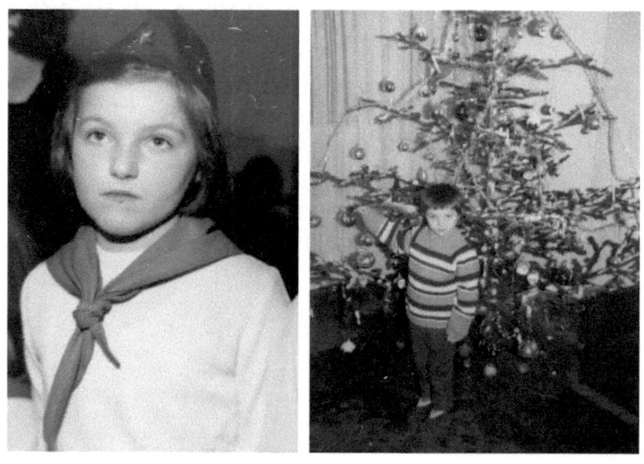

Eine überzeugte Pionierin?   Weihnachten

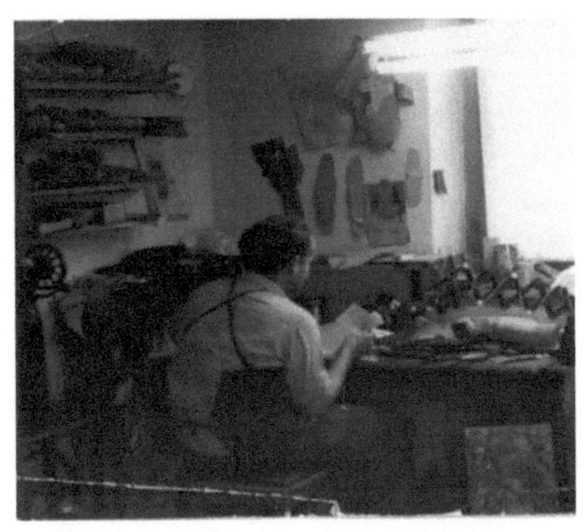 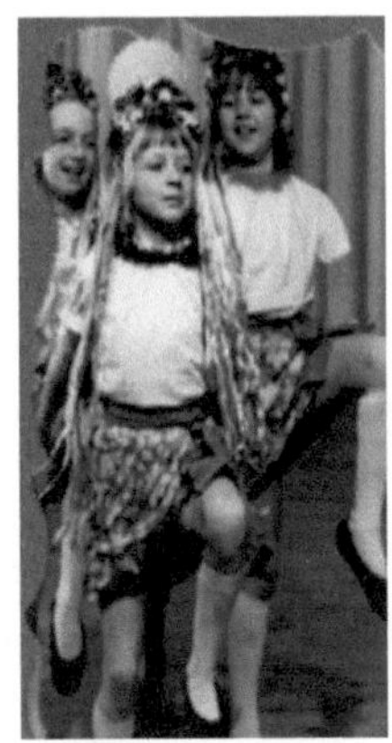

Onkel Richard in seiner Schuhmacherwerkstatt Binz

Astrid beim Jägerballett Schwedt

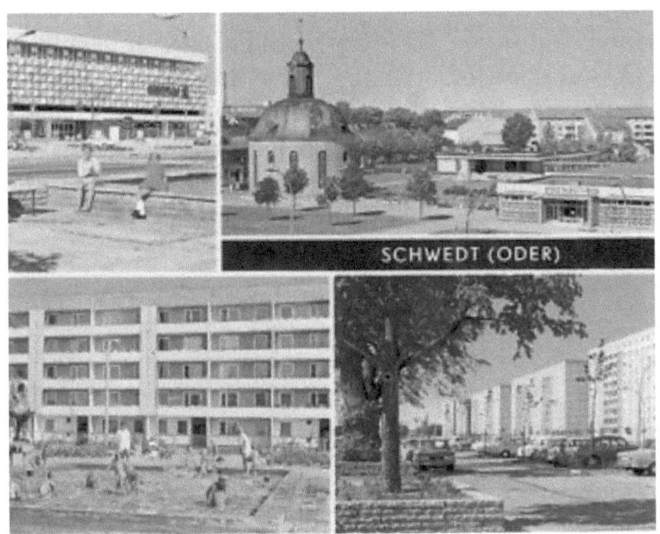

Das Essen

Mirela, Dezember 2018

Interessant, faszinierend, wie manche Worte Erinnerungen hervorrufen können.

Die Familie, in der ich aufwuchs, war keine arme Familie, zumindest empfand ich uns nie als arm. Reich waren wir auch nicht. Aber, ein Erbe der ärmlichen Zeiten meiner Eltern, dass sie an uns Kinder weitergaben, war das strikte Gebot: Essen wirft man nicht weg. Man nimmt nur so viel auf den Teller, als man aufessen kann. Das ist bis heute so geblieben, sowohl in der Familie als auch bei mir. Uns wurde immer wieder gesagt, dass es viele hungrige Kinder auf der Welt gäbe und man das Essen nicht wegwerfen dürfe, sondern dankbar sein müsse, dass man etwas zu essen habe. Psychotherapeuten würden das ein Introjektion nennen (man soll so, man darf nicht so). Meiner Meinung nach handelt es sich in diesem Fall, und nur in diesem Fall, um eine gute Introjektion. Schade eigentlich, dass es heutzutage zwischen Eltern und Kindern nicht öfter ein solches Introjekt gibt. In unserer Konsumgesellschaft werden große Mengen von Nahrungsmitteln weggeworfen, obwohl es so viele hungernde Menschen gibt. Es steht natürlich zur Debatte, wie man mit der Vermeidung solcher Verschwendung Menschen helfen kann. Das kann man wohl nicht, aber aus Respekt vor den Hungernden, welchen ich nicht direkt helfen kann und im Gedenken daran, wie gut es mit selbst geht, werfe ich grundsätzlich kein Essen weg.

Als Astrid von Weißbrotwürfel in Milch mit Nüssen schrieb, dachte ich an meinen Großvater, der jeden Morgen zum Frühstück sein Brot, zumeist altes Brot, mit warmer Milch im Teller übergoss und aß. Jeden Tag, Jahrzehnte lang, und er wurde dessen nie überdrüssig. Er war anders als ich aufgewachsen. Er hatte fünf Geschwister und die Familie besaß nur ein kleines Stück Ackerland für die Landwirtschaft. Sie waren froh, wenn sie ein Stück Brot und vielleicht ein oder zwei Feigen pro Tag zu essen hatten. So betrachtet war sein Stück Brot mit Milch übergossen ein tägliches Festmahl für ihn.

Wie langweilig ist uns doch heute das Essen geworden und wie wählerisch sind wir für gewöhnlich. Warum können wir unsere Mahlzeiten nicht immer bewusst aus vollem Herzen und mit ganzer Seele genießen? Wie oft kommt das vor? Wie reagieren wir, wenn wir zwei Tage hintereinander dasselbe essen sollten? Um nicht zu erwähnen, was geschieht, wenn das Ablaufdatum auf der Packung auch nur um einen Tag überschritten wurde. Vielleicht wird die Zeit von Corona und der „Lockdown" etwas an von unseren täglichen Ritualen, unsere Haltungen verändern und uns etwas Dankbarkeit lehren.

Am Ende meiner Studienzeit besuchte ich meinen Brieffreund Eugenio in Italien. Wir hatten uns im Zug nach Edinburgh kennengelernt und viele Stunden im Gespräch miteinander verbracht. Ihn als

Brieffreund zu bezeichnen ist daher ein wenig zu kurz gegriffen, da wir uns ja auch persönlich kannten. Als Gast seiner Familie schlief ich im Wohnzimmer und wir zwei frühstückten zusammen. Um diese Zeit verließen seine Eltern das Haus, um zur Arbeit zu gehen. Na ja, was also aß Eugenio zum Frühstück? Eine Scheibe Brot mit Marmelade beschmiert, die er dann in warme Milch tauchte bevor sie in seinem Mund landete. Nur die Farbe de Marmelade änderte sich von Tag zu Tag, das aber auch eher unwesentlich, meistens reichte die Farbskala nur von dunkelrot bis dunkelviolett. Wenn es doch wenigstens einmal Marillenmarmelade gewesen wäre... Vierzehn Tage lang musste ich dieses abstoßende Ritual des in Milch getauchten Marmeladenbrotes ertragen, ein Schauspiel wie ich es so noch nie erlebt hatte. Wenn ich sah, wie die Brotkrumen in der Milch aufquollen und sich die Marmelade in farbigen Schlieren in der Tasse verteilte, drehte sich mein Magen um und ich hatte das Gefühl, ich müsste erbrechen. Noch dazu verschluckte er sein Essen so schnell, als ob er Angst hätte, dass ihm jemand etwas wegnehmen könnte. Jeden Tag dasselbe Bild mir gegenüber am Tisch und mir wurde jeden Tag übel, wenn ich sah, was er mit seinem Marmeladenbrot veranstaltete. Vierzehn lange Frühstückssessionen, die ich nicht genießen konnte. Dass er während dieses Schauspiels ununterbrochen redete, machte die Sache noch um einiges schlimmer.

Ich selbst war nie ein Fan von Marmeladenbrot - zu süß für mich. Marmelade esse ich eigentlich nur, wenn ich im Hotel übernachte, zu Hause aber nur sehr selten, meistens nur dann, wenn ich gerade Lust auf etwas Süßes habe, aber sonst nichts Süßes in der Wohnung vorhanden ist. Ich esse auch keine Milchprodukte. Man isst oft Butterbrot mit Marmelade, ich esse nur Brot mit Marmelade. Alle Milchprodukte wie Butter, Sahne, Rahm oder Joghurt existieren für mich nicht. Ich vermeide es sogar, im Supermarkt am Regal mit den Milchprodukten vorbeizugehen, da mir von dem Geruch, der sich dort verbreitet, übel wird. Wenn mich meine Schwester in unserer Kindheit ärgern wollte, reichte es, dass sie mit dem Messer, das sie zuvor für die Butter verwendet hatte, eine Scheibe Brot abschnitt. Mein Geschrei war dann im ganzen Haus zu hören. Heutzutage, wenn wir gelegentlich miteinander frühstücken, macht sie die gleichen Versuche. Sie nimmt das mit Butter verschmierte, in meinen Augen kontaminierte Messer und bewegt dann ihre Hand in Richtung des Brotes, um meine Reaktion zu testen. Heute haben wir unseren Spaß damit. Als Kind fand ich es überhaupt nicht lustig. Ich ging sogar so weit, dass ich ein sauberes Messer nahm, die Scheibe Brot abschnitt und liegen ließ und mir eine nicht „verseuchte" Schnitte nahm.

Halstücher

Astrid, Januar 2019

Oh, deine Erinnerungen, noch sehr detailliert, wirbeln meine eigenen Schulfetzen aus den Tiefen meines Gedächtnisses an die Oberfläche. Ich besuchte meine Klassenlehrerin der 1.- 4.Klasse an und gleiche meine Erinnerungen mit ihren ab. Mal sehen was zu Tage gefördert wird. Meine Klassenlehrerin Frau Richter, ihre Stimme schwingt noch ganz deutlich in mir, war streng und gleichzeitig lieb und verständnisvoll. Der erste Schultag, immer der 1. September im Jahr, erfüllte im Jahr 1975 mit der Einschulung der 31 kleinen Schulkinder meiner Klasse seinen Sinn und wir strahlten stolz und doch schwelgte auch Aufregung und etwas Bange vor dem Kommenden in der Luft. Ich habe als Schülerin fleißig gelernt und mitgearbeitet, war folgsam und erfüllte, was Lehrer so als wichtig erachteten. Ich mochte meine Lehrerin. Sie unterrichtete uns in der Grundschule in Deutsch, Mathe, Heimatkunde. Sie, kein Mitglied der Partei, doch bestimmte staatliche Anforderungen an das Lehrerkollegium erfüllend, machte uns im Klassenverband vertraut mit, z. Bsp. dem Leben und Wirken von Wilhelm Pieck, nachdem meine Schule benannt war, und wir gestalteten gemeinsam, ihm zu Ehren, am 3. Januar den Wilhelm-Pieck-Geburtstag. Es war üblich, dass kleine Gruppen von Schülern, vielleicht 5-6, zu Hause Wandzeitungen zu bestimmten Themen, so auch zum Wilhelm-Pieck-Geburtstag gestalteten. Diese schmückten dann das Klassenzimmer. Frau Richter war locker, bastelte an diesen Pioniernachmittagen, jeden Mittwoch, viel mit uns oder sie zeigte Dias, mit denen sie uns z. Bsp. auf eine fantasierte Reise nach Moskau entführte. Auch sammelten wir als Schüler in unserer näheren Wohnumgebung viele Male Altpapier und Glasflaschen in den Haushalten. Es gab in jedem Wohnkomplex, ich wohnte im WK6, eine Annahmestelle für Altpapier und Glas, welches recycelt wurde und deshalb auch für Sammler belohnt und bezahlt wurde mit 5-20 Pfennig/Glas oder Kilo Papier. Es wurde privat von den Familien in bestimmten Abständen, je nach Bedarf, gesammelt und abgegeben, doch auch einige Male pro Schuljahr im Klassenkollektiv. Dieses Geld vermehrte dann die Klassenkasse oder wir spendeten es mal für Vietnam oder andere vorgegebene sozialistische Projekte, nutzten es auf Klassenfahrten oder für Veranstaltungen. Ja es waren schon einige Nachmittage, die die Nähe zum Sozialismus, zu unserem „großen" Bruder Sowjetunion ausdrückten, doch im Alter von 6 bis 10 Jahren überwog unsere kindliche Neugier und Freude an Neuem. Gerade dem Kindergarten entwachsen, stolz ein Schulkind zu sein, fieberten wir dem Tag entgegen, als Jungpionier das blaue Halstuch umzubinden und den Knoten schnellstmöglich alleine binden zu können. Als kleine Jungpioniere freuten wir uns auf die Pioniernachmittage oder auch auf einige Feiertage wie dem 1. Mai oder den Tag der Republik am 7. Oktober. In dieser Zeit erlebte ich diese Nachmittage und Feierlichkeiten, die durch Lehrer, Kinder, Eltern und Patenbrigade organisiert wurden, als unterhaltsam, abwechslungsreich und Spaß bringend. Fünf bis sechs Eltern jeder Klasse schlossen sich zu einem Elternaktiv zur Unterstützung der Lehrer und der Kinder zusammen.

Eine Schulkameradin aus meiner POS (polytechnischen Oberschule) bis Klasse 10/1985 ist bereits tot. Und ich denke daran, wie wir früher in der Schule gemeinsam im Gruppenrat unsere Zeit mit der Vorbereitung verschiedener Pioniernachmittage verbrachten. Ich war einige Jahre Gruppenratsvorsitzende und sie Agitator. Sie war immer politisch interessiert, da schon ihre Familie fest in das politische Leben in der DDR involviert war. Meine Eltern waren in dieser Beziehung sehr zurückhaltend, was mir sehr angenehm war, denn auch ich habe bis heute wenig Interesse am politischen Geschehen, am Hin und Her, am Geschimpfe übereinander. Meine Mitschüler und ich treffen sich seit wir nach Beendigung der 10. Klasse in alle Richtungen des Landes verstreut sind, ziemlich regelmäßig etwa alle 5 Jahre, um uns wieder zu sehen, die Jahre nach dem zurückliegenden Kontakt auszuwerten, Neues zu hören oder alte Erinnerungen wieder aufleben zu lassen. Es existiert auch noch immer unser altes Gruppenbuch der Unterstufe bis Klasse 6, in dem wir nach jedem bedeutsamen Ereignis in der Schule oder vielleicht einmal im Monat einen kleinen Bericht mit künstlerischer Gestaltung verewigten. So gibt es noch heute Erinnerungen, z. Bsp. an die Nachmittage, die wir gemeinsam mit unserer Patenbrigade, welche im VEB PCK arbeitete, verbrachten. Jede Klasse unserer Schule und auch der anderen Schulen in der DDR hatte über mehrere Jahre eine Patenbrigade in einem der ansässigen Betriebe.

Heute Morgen gehe ich zum Schrank im Flur und schaue nach dem Gruppenbuch. Mir schwant, dass ich es auf einem der letzten Klassentreffen von einem Mitschüler bekommen habe, und es seitdem bei mir zu Hause liegt. Und tatsächlich, ich nehme es heraus und packe es ein, um auf Arbeit mit einer älteren Kollegin hineinzuschauen und Erinnerungen aufzufrischen, denn auch schon zu ihrer Schulzeit ca. 10 Jahre früher, war es gängige Praxis, dass die Schüler viele Nachmittage gemeinsam im Klassenverband verschiedene Nachmittage gestalten. Das Gruppenbuch enthält kreativ gestaltete Seiten, die verschiedene Schüler meiner Klasse zu den Pioniernachmittagen und sonstigen Aktivitäten wie Bastelnachmittage, Schulausflüge oder Besuche bei der Patenbrigade zusammen stellten.

Ich hatte nie viel am Hut mit Kommunismus, kommunistischem Staat. Meine Eltern waren weder in der Partei, noch beschäftigten sie sich mit staatsnaher Propaganda oder Ähnlichem, doch das Miteinander gehörte dazu, es erfüllte das Leben in der DDR, in den Schulen und Kindergärten. Gerade die ersten Schuljahre waren für mich und einen Großteil meiner Freunde eine unbeschwerte Zeit. Ansonsten spielten wir Kinder nach dem Unterricht im Hort, machten dort Hausaufgaben und später, zu Hause, trafen wir uns hinter dem Haus auf dem Spielplatz oder spielten Gummihopse, Fangen, Verstecken, denn das Fernsehen lockte uns wenig, Computer waren uns noch fremd.

Apropos Fernsehen, zwei Fernsehprogramme speiste die DDR bis Anfang der 80-ger Jahre für die Bürger ein, welche erst am Nachmittag begannen und abends um 23 Uhr mit Teststreifen für den Rest der Nacht ermahnten, ins Bett zu gehen. In den unteren Klassen saß ich zehn Minuten vor 19 Uhr gewaschen und Zähne geputzt vor dem Fernseher und erwartete das Sandmännchen. Anschließend Zeit zum Schlafengehen. Ab in die Falle. Das Ritual durchzog schon die Kindergartentage und schmückte auch meine ersten, mindestens zwei Schuljahre. Kabelfernsehen brachte dann auch Westfernsehen, was in meiner Familie regelmäßig geschaut wurde. Doch die „braven" Bürger mieden diesen kapitalistischen Einfluss oder verheimlichten das Schauen der Sender, die „unsere Gehirne verwässern sollten" und uns von der kommunistischen Gesinnung ablenken würden. In Gebieten, wie zum Beispiel dem Erzgebirge und die Umgebung von Dresden, konnten sie nicht einmal geschaut werden, auch wenn sie „heimlich" gewollt hätten, es gab keinen Empfang. Deshalb schlummerten die Bürger im „Tal der Ahnungslosen" den Dornröschenschlaf und brauchten den kapitalistischen Tendenzen über TV nicht täglich entgegenzutreten.

Ansonsten „stärkten" Feiertage wie der 1. Mai, der Tag der Republik, Wilhelm Pieck-Geburtstag, Lehrertag unser Pionierleben und gehörten für die

114

Großzahl der Bevölkerung in Schulen, Betrieben und damit in den meisten Familien zum Alltag. Am ersten Mai trafen sich alle Klassen, Sportvereine und auch die Brigaden aus den volkseigenen Betrieben in der Innenstadt, um auf der größten, zentralen Straße an aufgebauten Bühnen vorbei zu defilieren, den Stadtoberhäuptern oder anderen Würdenträgern zu winken. Eigens einstudierte Übungen von Vereinen zu präsentieren und die Genossen auf der Tribüne zu erfreuen, waren übliche Traditionen dieser Feiertage in der DDR. Früh traf ich mich mit einigen Freundinnen, entweder von der Schule oder vom Tanzverein, wir radelten oder nahmen den Bus, um den vereinbarten Treffpunkt zu erreichen. Manchmal fegte noch eine restliche Winterkälte genau zum ersten Mai durch die Straßen und wir froren wenig bekleidet, denn mit dicken Anoraks verpuffte die Wirkung der Parade oder die Präsentation der vielen Jungs und Mädchen in ihrer Vereinskleidung. Doch manchmal huldigte uns der Himmel und wärmende Strahlen durchbrachen die Wolkendecke und wir schwitzten wie an heißen Sommertagen. Diese Gelegenheit begrüßten dann Groß und Klein, denn nach dem Verklingen des offiziellen Feiertagsaktes labten wir uns an Ständen mit Essen und Trinken, saßen auf den Grünflächen der Stadt gesellig beisammen und entflohen der vormittäglich absolvierten sozialistischen „Notwendigkeit".

Prägend für unser Schulsystem traten zum Schuljahresanfang und Ende, an Feiertagen und jeden Montagmorgen alle Schüler einer Schule zum Fahnenappell an. Alle Schüler formierten sich auf dem

Schulhof zu einem U und an der Stirnseite postierten sich der Direktor, Stellvertreter und eventuell ein eingeladener Ehrengast. Die Klassen eins bis sieben wurden mit dem Pioniergruß „Seid bereit" vom Direktor begrüßt und laut erschallte unsere Antwort „Immer bereit", welche gleichzeitig unsere rechte, gerade gestreckte Hand, mit angewinkeltem Arm zum Gruß auf den Kopf schnellen ließ. Die oberen Klassen erwiderten das Grußwort „Freundschaft" gleichlautend im Chor mit „Freundschaft".

Kirchliche Feiertage vermied bzw. ignorierte das sozialistische System und es waren auch wenige Leute aus meiner näheren Umgebung kirchlich gesinnt. Ich war getauft und konfirmiert, doch in meiner Klasse war ich die Einzige. Alle anderen und ich ebenfalls zogen symbolisch in der achten Klasse mit der Jugendweihe in die Reihen der Erwachsenen ein. Eine große Feier für die Jugendlichen, die Schulen, die Familien krönte in vielen Fällen den Abschluss der Kindheit. Ab jetzt vernahmen ich und meine Klassenkameraden von den Lehrern ein fremd klingendes „Sie". Gleichzeitig breitete sich auch etwas Stolz aus. Den Schritt vorher vollführten wir bereits in der 5.Klasse, als wir zu Thälmannpionieren mit roten Halstüchern berufen wurden. Schon zu dieser Zeit regten sich erste Anzeichen von pubertierenden Kindern und das Aufbegehren gegen die erwartete Teilnahme an gemeinsamen Pioniernachmittagen oder an sozialistischen Feierlichkeiten schwelgte unter uns Schülern. In der achten Klasse, verbunden mit der Jugendweihe, der erwünschten Übernahme für mehr Verantwortung in den Reihen der Erwachsenen, tauschten wir die roten Halstücher gegen eine blaue FDJ-Bluse. Wir schnitten unsere Kindheit ab und wechselten in das Leben der Freien Deutschen Jugend. Anfänglicher Stolz mischte sich jetzt öfter mit Abneigung gegen sozialistisch vorgegebene Anforderungen an das Verhalten junger Staatsangehörige der DDR. Das Tragen der FDJ-Bluse war diverse Male mit Scham besetzt. Der eine oder andere verhielt sich aufmüpfig gegenüber bestehenden Regeln, das Ausprobieren der Abspaltung gegen gesellschaftlichen Normen durchwob mehr und mehr die erste Hälfte der 80iger Jahre. Auch ich bevorzugte allmählich das FDJ-Hemd zu meiden und modische Kleidung zu ergattern. Diese war klamm in der DDR oder teuer, so zählten meine Geschwister und ich zu den Privilegierten mit getragener Kleidung unserer Westverwandschaft. Es entwickelten sich Gefühle für Modebewusstsein und Individualismus.

Schatten

Ich habe natürlich keine Ahnung, wer Wilhelm Pieck war. Du würdest wahrscheinlich auch nicht wissen, wer Anton Gustav Matoš oder Vladimir Nazor waren, also lassen wir den Stoff Schule im Moment einfach weg. Ich hatte nur keine Ahnung, dass ihr zuerst blaue und später rote Halstücher umbinden musstet, je nach dem Alter. Na, das wenigstens blieb uns erspart. Die Hemden hatten wir auch nicht.

„Gesietzt" wurde ich erst auf der Uni. Und als ich las, dass sich alle Schüler an Feiertagen und jeden Montagmorgen zum Fahnenappell auf dem Schulhof zu eine U formierten, musste ich lächeln. In Kroatien ist der Buchstabe U verpönt und bis heute gibt es Diskussionen über Diskussionen, was dieser Buchstabe bedeutet, bedeuten könnte, oder welche Gefahr die Verwendung dieses Buchstaben mit sich bringt und ähnliches. Der Buchstabe U war ursprünglich an den Uniformmützen der Soldaten der Ustascha, den „Aufständischen", angebracht. Die Ustascha war eine Bewegung, die als Reaktion auf die Proklamation der Königsdiktatur durch den serbisch-jugoslawischen König Alexander gegründet worden war. Sie rief den Unabhängigen Staat Kroatien aus und kämpfte 1941-1945 auf der Seite Hitlers. Das war sicher keine gute Entscheidung, aber wenn man nur den ursprünglichen Grund ihres Entstehens betrachtet, nämlich den Wunsch einen eigenen Staat zu begründen, eine doch verständliche. Im Mai 1945, nach dem offiziellen Ende des Krieges, nachdem sie sich den Briten in der Nähe von Bleiburg in Österreich ergeben und ihre Waffen abgelegt hatten, wurden sie den Partisanen Titos übergeben. Viele Tausende, die Schätzungen sprechen von bis zu 100.000 ehemalige Ustascha Soldaten inklusive Zivilisten, wurden in diesen Maiwochen gnadenlos abgeschlachtet. Das kommunistische Jugoslawien thematisierte diese Morde niemals, so als hätten sie nie stattgefunden, und tatsächlich wurden sie so aus dem kollektiven Gedächtnis gelöscht. Aber auch die Angehörigen der Ustascha und ihre Familien waren Menschen.

In den neunziger Jahren entdeckte man Hunderte von Massengräbern dieser Menschen in Kroatien und Slowenien, doch wissenschaftlich erforscht und aufgearbeitet wurde dieses Thema bis heute nicht. In Deutschland und in Österreich gab es von Staats wegen eine mehr oder weniger gelungene Denazifizierung nach dem Krieg, die von der Bevölkerung teils freiwillig, teils gezwungener Maßen mitgetragen wurde, im ehemaligen Jugoslawien dagegen wurde, was Partisanen verübt hatten und was nicht in das Bild eines „großartigen Kommunismus" passte, einfach totgeschwiegen, als ob es nie geschehen wäre. Somit gibt es in der heutigen kroatischen Gesellschaft eine große Wunde, die durch Unausgesprochenes, nicht Verarbeitetes atmosphärisch und unterschwellig noch immer präsent ist und für Ärger sorgt. Keiner spricht gerne über Übeltaten, nur hinterlassen diese Übeltaten, egal, ob sie mit einem U oder einem roten Stern auf der Kappe verübt wurden, immer Schatten, die oft ein Eigenleben beginnen. So betrachtet, wäre ein Fahnenappell in einer U-förmig formierten Gruppe in Kroatien des Jahres 2020 noch immer undenkbar und würde sofort als verschwörerischer Akt bezeichnet werden und eine massive Lawine von parteiischen Artikeln mit Attacken der Linken in den Medien auslösen. Medienkriege über dieses Thema wiederholen sich in einem regelmäßigen Rhythmus von Woche zu Woche, ohne dass sich eine Lösung abzeichnen würde. Ich frage mich oft, ob linke Politiker wirklich so dumm sind und nicht begreifen, dass hier die Aufarbeitung der gesamten Geschichte der Vergangenheit notwendig ist oder ob ihnen die Einsicht fehlt, weil sie Angst haben, dass die Schatten in den eigenen Familien plötzlich aufgedeckt werden könnten. Ein immer lieber und netter Onkel könnte dann plötzlich zum Mörder werden. Er würde wohl trotzdem ein lieber, netter Onkel bleiben, weil er das ja immer war, aber er würde mit einem zusätzlichen UND charakterisiert werden, ein UND, das viele nicht hören wollen. Möglicherweise wartet man bis alle Augenzeugen gestorben sind und hofft, dass so die Lage bereinigt werde. Vielleicht erscheint mir das alles auch ziemlich einfach zu sein, da ich das große Glück habe, dass keines meiner unmittelbaren Familienmitglieder ein Partisan war oder der Ustascha angehörte. Meine Großväter haben nicht am Krieg teilgenommen. Ich trage daher nicht die unsichtbare Last, die manch andere, vielleicht oft auch unbewusst, zu tragen haben, egal auf welcher Seite und aus welchen Motiven sie für eine bessere oder die Vision einer besseren Welt zu kämpfen glaubten. Die Vergangenheit mit den Augen und den Maßstäben von heute zu beurteilen, ist nicht gerecht und führt sicher zu keiner Versöhnung.

Ich selbst war nie aktiv in der Politik tätig, lese aber viel über Politik, zumeist über die Politik der Vergangenheit. Das erworbene Wissen hilft mir, die heutige Welt besser zu verstehen und Ungerechtigkeiten, soweit mir das möglich ist, denn im Kern bleibt man ja immer subjektiv, unparteiisch zu erkennen. Es macht mich wütend, dass die Menschen im Jahr 2020 nicht viel klüger und besser geworden sind als jene, die im Römischen Reich lebten. Wir wissen um vieles mehr, haben uns aber im Kern nicht geändert.

Wunschberufe

Mirela, März 2019

Was wolltest du als Kind werden? Ich wollte nie Ärztin werden. Blut und Wunden sind mir ein Gräuel. Ich konnte mir nie vorstellen, verletzte Menschen zu behandeln. Das ist bis heute so geblieben. Wenn ich als Kind mit meiner jüngeren Schwester und meiner Cousine spielte, war es eine ungeschriebene Regel, dass die Kleinste, also meine Schwester, die Patientin sein musste und ich sie als ihre Mama zu unserer Cousine, einer erfahrenen Ärztin, brachte. Meine Schwester mochte die ihre zugedachte Rolle nicht. Sie wollte die Ärztin sein, doch mit uns beiden größeren hatte sie keine Chance. Meine Cousine, die viel Erfahrung mit Ärzten und Spitälern hatte, übernahm die wichtigste Rolle in unserem Spiel. Wenn wir dann doch hin und wieder Gnade walten ließen, durfte meine Schwester eine Krankenschwester darstellen, während ich als Patientin fungierte, die alleine oder in Begleitung einer Mutter, die draußen wartete, zur Ärztin kam. Ich kann mich nicht erinnern, dass ich jemals die Rolle der Ärztin übernahm oder spielen wollte.

Ich falle nicht in Ohnmacht, wenn ich mich unabsichtlich schneide oder kratze und sich ein paar Bluttropfen bilden, im Gegenteil, ich versorge mich so schnell als möglich, um mein Blut nicht sehen zu müssen. Ich traue mir auch zu, jemandem im Notfall helfen zu können, hoffe aber, dass ich niemals in diese Lage kommen werde. Noch viel schlimmer als Blut ist mir der Anblick von verletzter oder zerfetzter Haut. Schon der Gedanke an Verbrennungen oder offene Wunden löst in mir absoluten Horror aus. Sichtbare Verletzungen sind schwerer erträglich als Schmerz, der keine äußeren Ursachen hat. Wenn ich am Strand jemanden mit einer auffallend langen Narbe sehe, bekomme ich regelmäßig vor Angst die Gänsehaut. Als ich selbst nach einer Operation eine Narbe am Rücken hatte, musste eine gute Freundin einige Wochen lang das Pflaster auswechseln, da ich dazu nicht imstande war. Keineswegs deshalb, weil die Wunde an einer für mich unerreichbarer Stelle war, sondern weil ich die Wunde einfach nicht ansehen konnte. Später, als das Pflaster nicht mehr nötig war, habe ich die Narbe, wie es mir von meiner Ärztin empfohlen worden war, zweimal täglich eingeschmiert, habe sie aber monatelang nicht angesehen bis ich dann irgendeinmal doch neugierig wurde und einen kurzen Blick im Spiegel darauf wagte. Langsam freundete ich mich mit meiner Narbe an. Am schwierigsten wurde es, als ich im Sommer baden gehen wollte. Der Gedanke, dass jeder auf meine Narbe starren würde, begleitete mich durch einige Tage sehr intensiv, ebbte aber zusammen mit meiner körperlichen Steifheit langsam ab, als ich realisierte, dass sich niemand am Strand für meine Narbe interessierte. Nun, fünfzehn Jahre später, ist die Narbe kaum mehr sichtbar. Nur, wenn ich mit dem Finger langsam darüber hinwegfahre, spüre ich die unterbrochene Glätte meiner Haut.

Es ist erstaunlich, aber ich mag rohes Fleisch. Ich ,spiele' gerne damit, schneide es, drehe es um und betaste es. Wie kann das sein? Fleisch ja, aber Blut und Verletzungen nicht? Ist das so, weil Fleisch bereits ,tot' ist und ihm nicht Schlimmes mehr geschehen kann? Ich weiß es nicht. Auf jeden Fall ekelt es mich nicht an. Was mich anekelt ist Schmutz und Gestank und alles, was damit zu tun hat.

In meiner Schulzeit hatte ich nie mit Läusen zu tun. Während meiner Schul- und Universitätszeit sah ich niemals eine Laus, nicht einmal auf einem Bild. Das Einzige, das ich mit Läusen verbinde, sind die Geschichten meiner Großmutter, die sie über die Nachkriegszeiten erzählte. So erzählte sie von einem entfernten Verwandten, der als junger Bursche von sechzehn Jahren aus dem Dorf nach Zagreb gekommen war. Es war ausgemacht, dass er bei der Familie wohnen durfte, solange er noch keine dauernde Unterkunft gefunden hatte. Er kam nach Zagreb, um hier eine Berufsschule zu besuchen, an der er zum Automechaniker ausgebildet werden konnte. Meine Großmutter, die sehr viel von Sauberkeit hielt, inspizierte ihn sofort und entdeckte, dass er voll von Läusen war. Sie erzählte uns Kindern, wie sie seine gesamte Kleidung zuerst mit heißem Wasser übergossen und dann stundenlang in einem großen Gefäß im Hof ausgekocht hatte, um dass Getier zu töten. Den jungen Burschen schrubbte sie ordentlich mit einer Bürste und kämmte seine dicken lockigen Haare stundenlang. Sie war sehr stolz darauf, dass sie ihn mit Erfolg gewaschen und entlaust hatte. Gleichzeitig präsentierte sie sich selbst ein wenig als ein Opfer, das so viel im Leben durchzustehen hatte. Mein Großvater hatte meinem von Läusen befallenen Vater einfach alle Kopfhaare abrasiert – eine sehr erfolgreiche Methode der Läusebekämpfung. Mit seinen drei Töchtern und ihren langen Haaren hätte er wohl nicht auf diese Weise verfahren können. Auf jeden Fall war meine Welt, bis ich nach Wien kam, und meine Freundin ihre Kinder vom Kindergarten abholte, vollkommen läusefrei.

Wien – eine Weltstadt. Eine schöne, extrem saubere Stadt, zumindest damals in den neunziger Jahren. Eine Kulturstadt, in der täglich dutzende Konzerte aufgeführt werden, mit Theatern und Kinos, mit feinen Menschen, die durch diese prachtvolle Stadt flanieren, deren Zentrum noch immer an die Zeiten der Monarchie erinnert. In meiner sozialistischen Vergangenheit gab es keine Läuse. Wie könnte ich jemals auf die Idee kommen, diese Stadt in Verbindung mit solchem Ungeziefer zu bringen? Undenkbar! Und trotzdem, die Zeit des Erwachens war gekommen. Wien war damals voller Läuse. Zu meinem Entsetzen gab es Läuse in fast jedem Kindergarten, in fast allen Schulen, gleichgültig, ob es staatliche oder private waren, es gab sie in Straßenbahnen - sie waren überall! Beruhigend war nur, dass die Läusesaison nicht das ganze Jahr über andauerte. Doch die Läuse sind mit saisonalen Höhen und Tiefen ununterbrochen präsent. Keiner kann sagen, wann oder wo die Läuse auftauchen werden, sie stellen eine permanente Gefahr dar. Als ich meiner Kollegin erzählte, dass ich in Kroatien niemals mit Läusen konfrontiert gewesen sei, konnte sie das nicht glauben. Sie selbst hatte ihre eigenen Läuseerfahrungen, die letzte betraf ihre Zwillingstöchter, die die Köpfe ihrer Schulkolleginnen liebevoll von deren Läusen befreit hatten. Das fand meine Arbeitskollegin sehr süß. Wahrscheinlich würde ich Kinder, die sich so aufopfernd um ihre Freunde kümmern ebenfalls süß und rührend finden, sofern ich sie bloß auf einem Bildschirm beobachten würde, doch in dem Moment, als sie mir davon erzählte, war mein einziger Gedanke:" Ist sie selbst von Läusen befallen und hat sie ins Büro mitgebracht?"

Zum Kampf gegen diese Plage gab und gibt es heute noch Gesundheitseinrichtungen wie das Hygieneinstitut der Stadt Wien, das u.a. für Desinfektionen zuständig ist. Bei Läusebefall bietet das Team des Hygienezentrums eine Fachberatung und eine Entlausungsbehandlung an. Die Behandlung besteht aus einer Beratung, dem Waschen der Haare, dem Auskämmen und Trocknen. Für die durchgeführte Entlausung kann auch eine Bestätigung ausgestellt werden. Bei all dieser Unterstützung und dem gebotenen Rückhalt stellt sich die Frage, warum man sich in Wien überhaupt um sich selbst und seine Familie kümmern und versuchen sollte, sie sauber zu halten. Die Verantwortung und die Kosten für die persönliche Sauberkeit übernimmt ja der Staat. Schließlich will man ja nicht umsonst seine Steuern bezahlt haben. Meine indirekte Begegnung mit unerwünschten Haustieren, nämlich Läusen, war nicht das einzige Erlebnis diese Art, das ich in Wien hatte. Wanzen sorgten für den nächsten Schock.

Im Rahmen meiner psychotherapeutischen Ausbildung absolvierte ich einen Teil meines gesetzlich vorgeschriebenen Praktikums in einem Frauenhaus. Ich hatte mich Monate zuvor dort vorgestellt und mich für die Praktikumsstelle beworben. Es war nicht leicht, einen Praktikumsplatz zu finden, der sich mit meinem Beruf und den normalen Arbeitsstunden vereinbaren ließ. Außerdem sollte mich die Tätigkeit an dieser Institution interessieren und sie sollte nicht allzu weit von meinem Büro sowie meiner Wohnung entfernt sein, um die Anreisezeit so kurz wie möglich zu halten. Das Frauenhaus erfüllte alle meine Bedingungen: Die Tätigkeit war interessant und das Haus war nur 25 Minuten zu Fuß von meiner Wohnung entfernt. Offensichtlich erfüllte auch ich die Erwartungen des Frauenhauses, da ich den Praktikumsplatz erhielt. An meinem allerersten Tag dort, nach weniger als einer Stunde, wurde im Frauenhaus Alarm geschlagen: Es gab Wanzen im Haus! Um Gottes willen, was sind Wanzen? Es muss schon etwas Ernstes sein, warum sonst sollten all diese Frauen plötzlich wie verrückt hin und her laufen!

Mein Deutsch war nicht gut genug, um zu wissen, was es mit Wanzen auf sich hatte. Ich konsultierte also das Wörterbuch.

Im Frauenhaus waren die Angestellten ausschließlich Frauen, der einzige Repräsentant des männlichen Geschlechts war ein achtzehnjähriger Zivildiener. Seine Aufgabe bestand darin, schwere Gegenstände hin und her zu tragen. Gewisse unangenehme Tätigkeiten, wie die Reinigung von verstopften Toiletten, fielen ebenso in seinen Aufgabenbereich. Manchmal erledigte er auch kleinere Reparaturen. Seine Anwesenheit und der offensichtliche Spaß, der ihm seine Arbeit machte, unabhängig davon, um welche Arbeit es sich handelte, wirkte sehr motivierend für alle Bewohner und Angestellte. Ausgerechnet er war es, der die Betreuerin in ein Zimmer bat, um ihr dort etwas zu zeigen, was den Alarm auslöste. Da es mein erster Tag dort war, wusste ich nicht, was ich mit mir anfangen sollte, bemühte mich nur, niemandem im Weg zu stehen und beobachtete den Wirbel, der sich hier abspielte. Zuerst wurden die Türen des sogenannten Sozialzimmers geschlossen. Hier führten die Angestellten üblicherweise Gespräche miteinander, Probleme der Klienten/innen wurden erörtert und die nächsten Behandlungsschritte beschlossen. Hinter verschlossenen Türen wurde jetzt nur kurz die Wanzensituation besprochen und beschlossen, eine offenbar verwanzte Matratze sofort aus dem Haus zu entfernen. Eine weitere wichtige Entscheidung betraf nur die Polster und die Kleidung, die sich noch in dem betroffenen Zimmer befanden. Es wurde darüber spekuliert, wer die Wanzen mitgebracht hatte bzw. mitgebracht haben konnte. Weiter ging es darum, einen Kammerjäger zu finden, da der Fachmann, der üblicherweise kam, gerade auf Urlaub war. Also lag der Gedanke nahe, dass die Wanzen hier regelmäßige Gäste waren. Das Krisenmanagement tagte - an meinem ersten Praktikumstag.

Ein neues Wort war hier aufgetaucht - der Kammerjäger. Mein Smartphone hatte mir geholfen, zu verstehen, was Wanzen waren, aber dass es einen Beruf des Kammerjägers gibt, wusste ich nicht. Wieder ein Beweis, dass man lange in die Schule gehen kann, aber tatsächlich einem das Leben noch mehr zu lehren hat, ob man will oder nicht.

In den folgenden Tagen hielt ich mich vom zweiten Stock, wo die Quelle der Wanzen entdeckt worden war, fern. Eine Vorsichtsmaßnahme, um keine Wanzen mit nach Hause zu schleppen. Inzwischen, an einem Vormittag, an dem ich nicht anwesend war, kam der Kammerjäger ins Frauenhaus. Die Betreuerinnen berichteten, er hätte seine „Bombe" aktiviert und sei dann wieder gegangen. Das war's! Ich fragte sie, was für eine Bombe sie meinten, denn das Wort passte für mich nicht in ein Frauenhaus und in die friedliche Zeit, in der wir lebten, sondern auf ein Schlachtfeld und in den Krieg. Sie erklärten mir, dass es sich um eine Art von Pulver handelte, das wie eine Bombe „explodiere", sodass sich ein feiner Staub im ganzen Zimmer verteile.

Der Besuch des Kammerjägers war relativ teuer und würde noch mehr kosten, da er, wie er sagte, noch zweimal kommen und seine Bombe aktivieren müsse, um alle Wanzen erfolgreich auszurotten. Er stellte nach Beendigung seiner Arbeit keine Bestätigung über die „Entwanzung" aus, da es ja keine Garantie geben könnte.

Wien als noble Kulturstadt war also mit Läusen und Wanzen versaut. Ein interessanter Gedanke, besonders wenn man sich bewusst ist, dass viele „Wessies" uns aus dem Osten kommenden Menschen als primitiv, schmutzig und unterentwickelt betrachteten und uns mit vielen Vorurteilen begegneten. Natürlich nicht alle, aber doch viele. Von Wanzen hatte ich nur von meiner Großmutter, wieder einmal, im Zusammenhang mit dem Zweiten Weltkrieg und den Soldaten, bzw. ihren Uniformen gehört, einer Zeit, als das Hygieneniveau nicht eingehalten werden konnte. Waschen sei eine absolute Notwendigkeit, wie sie immer wieder betonte. Läuse und Wanzen blieben mir in meiner Kindheit außer in Erzählungen erspart. Diese Erzählungen klangen für mich ein bisschen wie Märchen, immer spannend, aufregend und lustig, ohne dass ich damals begriff, dass es diese Situationen wirklich gab, sie nicht erfunden und keine Märchen waren. Genauso wie es sich bei den Läusen in Wien und den Wanzen im Frauenhaus um keine Erfindungen handelte. Am Ende eines Praktikumstages juckte es mich oft am ganzen Körper, also wusch ich mich sorgfältig nach dem Heimkommen und wechselte sofort meine Kleidung, um sie ebenfalls sofort zu waschen. So ging es weiter, bis Entwarnung vom Wanzen - und Läusebefall gegeben wurde. Ich hörte noch immer die Stimme meiner Großmutter, die zu dieser Zeit doch längst tot war: Waschen, waschen, waschen.

Astrid, April 2019

Bei mir Mirela, da bestand immer der Wunsch Architektin zu werden, ich liebte schon als Kind

Häuser anzuschauen, die Inneneinrichtungen, das Ambiente im Garten. Doch kein Einser-Abiturzeugnis und das galt als Voraussetzung für gewünschtes Studium. Außerdem Hotelwesen, in schönen Häusern arbeiten, schöne Zimmer für Hotelgäste, schöne Tage für die Gäste, organisieren, das reizte mich. Oder Stewardess lernen, hoch in den Lüften arbeiten, fremde Länder bereisen, doch alles aussichtslos. Entweder Superschüler, Beziehungen oder ein Glücksfall notwendig. Mit einem zweier Abitur also nicht das gewünschte Studium und auch keine positiven Antworten von Hotels der Hauptstadt oder der Ostsee. So habe ich mich für ein Ökonomiestudium eingeschrieben und das Beste daraus gemacht.

Taschengeld

Astrid, April 2019

Auf Arbeit, mit den Kollegen, habe ich erst kürzlich darüber gefachsimpelt, wie viel ein jeder an Erinnerungen aus Kindertagen abrufen kann. Ich habe oft das Empfinden, mich größtenteils an Situationen und Erlebnisse zu erinnern, von welchen alte Fotos existieren und über jene, die wir auf Familientreffen manchmal Revue passieren lassen.

Geld, ein aufreibendes Thema zu allen Zeiten und in allen Schichten, für diejenigen, die es besitzen und für diejenigen, die wenig oder fast nichts haben. Auch ich machte mir als Kind schon ab und an meine Gedanken zum Thema Geld und was fange ich damit an. Wöchentliches Taschengeld zahlten meine Eltern ab der ersten Klasse. Zuerst war es ein kleiner Beitrag, dieser erhöhte sich mit den Schuljahren. Wir konnten uns dafür Süßes kaufen. Schulhefte zum Jahresbeginn zahlten meine Eltern, Schulbücher, welche meist frei zur Verfügung oder nur mit einem kleinen Obolus belegt waren, ebenfalls. So oblag es uns, das Taschengeld fleißig zu sparen oder Süßes, Eis oder andere Leckereien dafür zu erwerben. Ich war schon immer sehr sparsam und wollte so wenig wie möglich davon ausgeben. In den ersten Jahren, nachdem ich rechnen gelernt hatte, diente ein kleines Vokabelheft dazu, die Einnahmen und Ausgaben darin aufzulisten. Dies hatte auch den pädagogischen Hintergrund zu lernen, mit Geld umzugehen, meinte meine Mutti.

Von den Ferieneinsätzen, in denen ich und auch Schulfreunde Taschengeld verdienten, gibt es keinerlei Erinnerungsfotos. Und es gab sie dennoch die Einsätze. Meist waren es 14 Tage, in denen ich arbeitete. Einmal verbrachte ich zwei Wochen in den Ferien zwischen der 9. Und 10. Klasse als Küchenhilfe und Reinigungskraft in einem Kinderferienlager im etwa 20 Kilometer entfernten Ort Seehausen. Doch ich wollte nicht alleine die Zeit verbringen, so meldete sich auch meine Freundin Eileen an. Schon früh hieß es aufstehen und in der Küche beim Frühstück helfen. Wenn die Flure und Toiletten später geputzt waren, während die Kinder draußen tobten oder am See plantschten, hatten auch wir etwas Freizeit zum Sonnenbaden. Mittag und Abendbrot stand ebenfalls auf dem Plan für die Ferienarbeitskräfte. Doch nach dem Abendessen starteten wir in die nähere Umgebung. Klar haben wir uns nicht weit entfernt, denn wir hatten weder Fahrräder, noch ein Moped zu dieser Zeit. Im Ort gab es kaum etwas anzuschauen, keinen Konsum, nur eine Bahnhofsgaststätte. Oder sollte ich lieber sagen, eine Bahnhofskneipe? Da saßen ausschließlich Männer im Lokal. Wir kamen uns schon ziemlich erwachsen vor und bestellten uns Pfefferminzlikör. Auch damals war der Ausschank an Jugendliche unter 16 Jahre verboten, doch das scherte die Wirtsfrau herzlich wenig. Im Lager, in dem kleinen Zimmer, welches wir beide bewohnten, gab es auch Mäuse. Eileen ekelte sich sehr, doch ich fand es weniger schlimm. Eher hatte ich ein Problem mit den Spinnen, welche sich durchs Fenster einen Weg suchten. Damals war Fenstergage noch unbekannt für DDR-Bürger, jedenfalls für mich.

Nach der 10.Klasse verdiente ich gutes Geld in einer der vielen kleinen Küchen, welche im Petrolchemischen Kombinat in Schwedt zur Versorgung der etwa 8000 Angestellten und Arbeiter zur Verfügung standen. Ich musste um 5 Uhr da sein, ein ziemliches Opfer in der Ferienzeit. Doch dafür war 15 Uhr Feierabend und ich fuhr noch zum Baden an einen See oder mit meinen Eltern in den Garten. Gemeinsam mit den angestellten Küchenfrauen wurden die Brötchen für das Frühstück geschmiert, zu dem viele Anlagenarbeiter regelmäßig erschienen. Nach wenigen Tagen, kannten sie mich und auch ich wusste, wer noch kommen würde. So ein frisches Frühstück am Morgen war lecker und heiß begehrt von den Arbeitern. Später kochten wir, um die circa 50-60 ständigen Mittagsgäste zu versorgen.

Ein anderes Mal, arbeitete ich in Werder bei Berlin zur Kirschernte. Ich erinnere mich genau, es war zwischen dem Elften und Zwölften Schuljahr an der EOS (erweiterte Oberschule-Abitur). Jeden Morgen mit den Vögeln standen wir auf, kurze Wäsche, Schluck Tee und ab ging es mit LKW`s zu den Plantagen. Es gab herrliche, dicke, saftige, süße Kirschen. Und beim Pflücken aßen wir natürlich so viel wir konnten. Meine Körbe waren ziemlich schnell gefüllt. Jeder Korb brachte eine Marke und konnte später in Geld eingetauscht werden.

Als wir am frühen Nachmittag wieder im Camp waren, rannten alle zu den Toiletten. Natürlich gab es großen Andrang und nicht genügend für alle. Ich riss mich noch eine Weile zusammen, doch als ich endlich ein freies WC ergatterte, war ich heilfroh und erleichtert. Und jeden Tag aufs Neue schlug ich mir den Bauch voll mit Kirschen. Ich wurde es nicht satt.

Einmal waren wir mit der Klasse, ich glaube 8. oder 9. Klasse im Ernteeinsatz in Schwedt. Nahe eines alten und teilweise verfallenen Wasserturmes, welcher nach der Wende restauriert wurde, lag ein Feld, vielleicht 1000 Hektar groß. Die Kartoffeln waren bereits geerntet, doch die Maschinen verfehlten viele von ihnen oder sie fielen zwischen den Furchen, die sie einsammelten, wieder zurück auf die Erde. Die Klasse sammelte einen ganzen Nachmittag lang viele, viele Drahtkörbe mit Kartoffeln, die auf den Hänger eines Traktors verfrachtet wurden. Jeder Korb zählte auch je eine Marke. Dort auf dem Feld durfte ich das erste und einzige Mal in das Führerhaus des Traktors klettern und ihn selber und alleine lenken. Ich traute mir das sofort zu und verspürte nicht die leiseste Angst. Ich war ja auch schon in dieser Zeit mehrere Male in meinen Träumen mit einem Auto durch die Landschaft gefahren. Natürlich ist ein Traktor größer, doch ich liebte es, obwohl ich erst circa fünf Jahre später meine Fahrprüfung zur Wendezeit absolvierte. Die Körbe füllten sich noch schneller als jene mit den Kirschen. Kartoffeln stoppeln, so nannte es sich, machte mir großen Spaß und brachte einiges Geld. Allerdings weiß ich heute nicht mehr, ob wir das Geld behalten durften, zumindest teilweise oder ob es in die Klassenkasse eingezahlt wurde.

Nach der zwölften Klasse 1987 habe ich in Berlin Johannisthal in einer Pharmazie-/Tablettenbude Pillen abgefüllt. Doch hier ist momentan jede weitere Erinnerung wie ausgelöscht.

Das letzte Mal war ein Einsatz im Studentensommer 1988. Meine Seminargruppe war in Wolfen in der ORWO Filmfabrik. Doch es wurden nicht nur Filmmaterialien hergestellt, sondern auch Wurstdärme und diese wurden auf riesige Rollen aufgewickelt. In dieser Abteilung arbeiteten ich und Mitstudenten in Schichten für 2 Wochen. Wir beobachteten, dass die Wicklung der Därme glatt auf den Rollen erfolgte. Es war manchmal schwierig, der doch monotonen Arbeit etwas abzugewinnen. Besonders während der Nachtschichten fiel es mir ab circa 1 Uhr zusehend schwerer, wach und konzentriert dem Produktionsprozess zu folgen. Natürlich waren wir belehrt, nicht mit den Händen in die Wicklung einzugreifen, aufzupassen, dass keine lockeren Kleidungsstücke sich in der Wicklung verfingen und schwere Unfälle fabrizierten. Doch da passierte es dennoch, zumal am heller lichten Tag. Ein Wurstdarm hatte sich etwas verzogen und es drohte Gefahr, dass er sich schief und krumm aufwickeln würde. Wider besseren Wissens langte meine rechte

Hand zu der Rolle, um den Darm zu richten. Und schon war es passiert. Der Daumen landete für eine Millisekunde irgendwie in der Rolle, ich zog ihn instinktiv heraus und sah das Malheur. Allerdings stand ich unter Schock. Der Daumen blutete wie verrückt, der Daumennagel hing nur noch in einer Ecke am Nagelbett herunter. Ich nahm mit der linken Hand meine Rechte, hielt beide Hände so vor meine Brust und strebte eiligst, ohne ein Wort hervorbringen zu können, in Richtung Büro in dieser großen Fabrikhalle. Na ja, der Schock war groß, doch unter ärztlicher Versorgung wurde der Daumennagel aufgelegt, alles verbunden und heilte nach entsprechender Zeit aus. Irgendwann, doch es dauerte schon einige Jahre, war selbst für mich nicht mehr zu erkennen, welcher Daumen betroffen war. Glück im Unglück.

Wir schliefen in einstöckigen Baracken, immer vier Mädchen oder Jungen zusammen. Wenn die Sonne am Nachmittag schien in diesem heißen Sommer, lagen wir draußen vor den Baracken und bräunten uns. Es war eine kleine Aufmunterung in den Ort zu gehen und im Konsum etwas zu ergattern, was es vielleicht bei uns daheim nicht gab. Doch Wolfen war, auch im Sommer bei strahlendem Sonnenschein, ziemlich dreckig. Heißt nicht, dass Abfall rumlag, sondern, das die Häuser und einfach alles, was sich draußen befand, voller Ruß war, denn mit der Braunkohleverbrennung wurde Unwesen betrieben. Für unsere Gesundheit war es damals sicherlich vorteilhaft, dass der Aufenthalt auf zwei Wochen begrenzt war.

Wir hatten zwei kleiner Sparbüchsen aus Metall: Meine war metallisch silbern, die meiner Schwester war blau. Jede Woche, sogar schon während unserer Vorschulzeit, bekamen wir von unserem Vater etwas Kleingeld, und zwar beide gleich viel, das in die Sparbüchsen eingeworfen wurde. Diese Transaktion fand meist am späten Nachmittag des Samstags statt und stellte für uns jedes Mal ein besonderes Ereignis dar, denn wir waren mit dem Papa, der uns ein Geldgeschenk machen würde, ganz alleine. Auch wenn er im Voraus wusste, wie viel er uns geben würde, fragte er doch jedes Mal, wie viel wir glaubten, zu bekommen.

Wir bekamen einfach etwas Geld, ohne dafür eine Gegenleistung erbringen zu müssen. So lernten wir zu sparen. Später, als ich in der ersten Klasse war, startete die Schule eine Aktion und jeder Schüler und jede Schülerin bekam ein Sparbuch. Die Idee war, dass wir jeden Monat eine bestimmte Summe in die Schule bringen sollten, die die Lehrerin übernahm und eintragen würde. Die Schule kümmerte sich dann darum, dass der jeweilige Betrag auf dem Sparbuch landete. Nach ein paar Tagen bekamen wir dann unsere Sparbücher zurück. Am Ende des Schuljahres sollte genug Geld vorhanden sein, damit jeder Schüler und jede Schülerin einen Schulausflug davon bezahlten könnte. In Zagreb gab es eine Sparkasse namens „Pčelica" (die „kleine Biene"), die speziell für Kinder und Jugendliche gedacht war, die unser Geld verwaltete.

Nach einiger Zeit wurde es zu langweilig und zu mühsam, immer an einem bestimmten Tag das Geld in der Schule abzuliefern und so wurde bei mir zu Hause beschlossen, dass mein Beitrag in meine Sparbüchse geworfen und von meinen Eltern gelegentlich zur Bank gebracht werden würde. Als ich dann schon ca. zehn Jahre alt war, brachte ich das Geld selbst auf die Bank. Das erste Mal war das ein aufregendes Erlebnis für mich, denn ich fuhr alleine mit der Straßenbahn ans andere Ende der Stadt, wo die Filiale der Bank war, dann musste ich, den Hinweisen meiner Eltern folgend, die Bankfiliale finden und schließlich ins Foyer gehen und mein Bankgeschäft alleine erledigen. So ging es viele Jahre lang. Ich glaube so lange, bis die Inflation erbarmungslos zuschlug und die Geldscheine in immer kürzeren Abständen eine neue Null dazu bekamen, überhaupt neue Geldscheine gedruckt wurden.

So wie wir das Taschengeld jeden Samstag erhielten, so war es auch ein Samstag im halben Jahr, an dem mein Vater den Sparbüchsenschlüssel, der gut vor uns versteckt war, hervorholte und die Büchsen öffnete. Wir beide, meine Schwester und ich, fingen dann sofort an, unser gespartes Geld zu zählen und die Beträge miteinander zu vergleichen. Wer von uns beiden hatte mehr, was für eine Aufregung!

Wir konnten mit dem Taschengeld machen, was wir wollten. Mein Geld landete meistens auf der Bank. Unter anderem kaufte ich dafür die Geburtstagsgeschenke für meine Freunde, eine Transaktion, die in Anwesenheit meiner Mutter stattfand, da es damals nicht üblich war, dass Kinder alleine einkauften. Also suchte ich das Geschenk aus und meine Mutter bezahlte. Für das Eis, das wir während unseres Aufenthaltes an der Küste erstanden, erhielten wir extra ein kleines Taschengeld. Wir nahmen wohl unser gespartes Taschengeld an die Küste mit, kamen aber meist mit noch mehr Geld nach Hause zurück, als wir mitgenommen hatten, da wir auch von unserem „Eisgeld" etwas gespart hatten.

Da unser Kindermädchen Stojanka uns verließ, als ich ca. sechs Jahre alt war, wurde eine gewisse Marica als ihre Nachfolgerin eingestellt. Wir entdeckten bald, dass sie eine rote Perücke in ihrem Schrank versteckte. Ihr Haare waren kurz geschnitten, sie trug eine Brille und war ziemlich unauffällig und unscheinbar - ein wenig wie eine graue Maus, wenigstens erlebte ich sie so. Sie blieb nicht lange bei uns, vielleicht ein paar Monate. Der Grund mag sein, dass das Kochen nicht gerade ihre Stärke war. Nach ihrem Ausscheiden wurde beschlossen, kein Kindermädchen mehr aufzunehmen. Stattdessen kam meine Großmutter, die in der Nähe wohnte, jeden Vormittag vorbei, um zu sehen, ob mit mir und meiner Schwester alles in Ordnung sei, ob wir gegessen hatten und uns für die Schule vorbereiteten. Dann ging sie wieder und wir blieben alleine.

Maja und ich spielten stundenlang allein in der Wohnung. Manchmal saßen wir vor der Waschmaschine und sahen zu, wie sich die Trommel drehte, wir schauten zu und stellten uns vor, dass wir einen Fernseher vor uns hatten. Damals gab es noch keiner Fernseher bei uns zu Hause, doch meine Großmutter besaß so ein Gerät. So konnten wir die Mondlandung bei ihr verfolgen. Besonders während des Schleuderns war es ungemein aufregend, die Waschmaschine, also unseren Fernseher, zu beobachten. Wie viel Imagination doch in Kindern steckt.

Wir trugen beim Spielen oft Kleider meiner Mutter. Jede suchte sich ein Kleidungsstück aus, das dann um die Taille mit einem Gürtel zusammengehalten werden musste, um nicht herunter zu rutschen. Auf unseren Köpfen trugen wir große Handtücher, die nach hinten gebunden wurden und lange Haare darstellen sollten, da unsere Haare ja bis zu unserer Schulzeit immer kurz geschnitten waren. Sehr beliebt waren die weißen Schuhe und die weißen Sandalen meiner Mutter, da ihre Absätze höher als die der anderen Schuhe waren. Gelegentlich nahmen wir auch mit schwarzen oder braunen Schuhen vorlieb, andere Farben gab es nicht. Ich verstehe bis heute nicht, wie all diese Schuhe die Strapazen, die unsere Füße ihnen zumuteten, überlebten. Es war selbstverständlich, dass wir nach unserem Spiel unsere „Spielsachen" so ordentlich wie möglich wieder zurück in die Schränke räumten. Vor allem war es meine Schwester als die ordentlichere von uns beiden, die sich darum kümmerte, die Spuren unseres Tuns zu beseitigen. Bis zum heutigen Tag ist Maja die ordentlichere von uns beiden geblieben. Sie ist einfach ordentlich von ihrer Natur her. Nicht, dass ich schlampig wäre, doch bei ihr hängen die Blusen ordentlich, nach Farben sortiert nebeneinander, während meine Blusen nicht mit dem Lineal ausgerichtet sind und einfach eine nach der anderen, unabhängig von ihrer Farbe, in den Kasten zurückgehängt werden. Maja ist einfach – ordentlich - mehr gibt es darüber nicht zu sagen.

Da wir nun kein Kindermädchen mehr hatten und Mama uns das Essen immer am Vorabend vorbereitete, aßen wir alleine und mussten nachher aufräumen. Maja übernahm das Abwaschen, da ich es so sehr hasste. Sie war damals noch ziemlich klein und konnte daher nicht im Stehen abwaschen. So holte sie sich immer einen Stuhl und kniete darauf während sie das Geschirr wusch. Meine Aufgabe war es, die Brotkrümel vom Tisch zu wischen und ihr das Geschirr zu reichen. Eigentlich war vorgesehen, dass wir abwechselnd abwaschen sollten, aber wir hielten uns nicht daran. Hin und wieder brauchte Maja etwas mehr Motivation, um abwaschen zu wollen - zur Steigerung ihrer Motivation und als Anerkennung ihrer Leistung zahlte ich ihr daher einen Obolus aus meinem Taschengeld. Lange Zeit blieb das unser gut gehütetes Geheimnis und meine Eltern ahnten nichts von unseren „Geschäften". Als wir dann etwa zehn Jahre alt waren und wir weitere Aufgaben in der Wohnung, wie Staubsaugen und Aufräumen, übernehmen mussten, um meiner Mutter zu helfen, blieb es kein Geheimnis mehr, dass ich Maja gelegentlich von meinem Taschengeld bezahlte, um nicht staubsaugen zu müssen. Schließlich war das ja eine „win-win" Situation für uns beide, wie man heute sagen würde.

Die Verteidigung und der Schutz

Mirela, Mai 2019

„Die Verteidigung und der Schutz" war der Name eines Schulfaches, das wir zwei Jahre lang im Gymnasium hatten. Eigentlich ging ich ja gar nicht mehr in ein Gymnasium, da dieser Schultyp zwei Jahre zuvor abgeschafft worden war. Die neue Schule stellte den Versuch einer Schulreform dar, der allerdings fehlschlug. Wie sich der Name dieser Schule, in die ich und viele andere meines Jahrgangs gingen, korrekt ins Deutsche übersetzen lässt, weiß ich einfach nicht. Er hatte etwas mit Ausbildungszentren zu tun. Meine neue Schule trug den Namen „Mathematisch - informatisches Ausbildungszentrum", oder so ähnlich, abkürzend wurde es „MIOC" genannt. Darüber hinaus gab es ein Ökonomisches Ausbildungszentrum, ein anderes für Bauwesen, ein Pädagogisches Ausbildungszentrum und so weiter. Obwohl es so klingen mag, handelte es sich nicht um Fachschulen, ging aber ein wenig in diese Richtung. Mit Hilfe dieser Schulreform versuchte die Republik, die jungen Menschen so auszubilden, dass sie nach insgesamt mindestens elf, maximal zwölf Pflichtschuljahren arbeitsfähig waren. Danach, nach Ablegung einer Eignungsprüfung, die mit einem *numerus clausus* verbunden war, konnte man an einer Universität studieren. Nach einer normalen Mittelschule waren die jungen Menschen wohl auf Grund ihres Alters arbeitsfähig, waren aber, was ihr Wissen oder fachliche Geschicklichkeit, ihre Kompetenzen und Erfahrung betraf, für ihre künftigen Arbeitgeber ziemlich nutzlos. Ich frage mich, ob das heute anders ist. Nach acht Jahren Grundschule besuchte ich also zuerst eine „Mittelschule", die im Prinzip ein Gymnasium war, aber nicht so hieß.

In den ersten beiden Jahren waren die Lehrpläne für alle Mittelschulen gleich, danach, abhängig von der jeweiligen „Richtung", gab es nur noch eine einjährige Ausbildung für, z.Bsp. Bauarbeiter, und eine zweijährige für anspruchsvollere Berufe. Dann konnte man rein theoretisch schon arbeiten gehen. Man konnte aber auch eine weiterführende Ausbildung für zwei Jahre anschließen. Hier unterschieden sich die Schulen hinsichtlich jener Fächer auf welchen der Schwerpunkt der Ausbildung lag. In meiner Schule lag der Schwerpunkt auf Mathematik mit neun wöchentlichen Unterrichtsstunden sowie Informatik und Physik mit jeweils fünf Wochenstunden. Außerdem hatten wir vier Stunden Englisch und vier Stunden Kroatisch, doch sonst kaum andere Fächer(Gegenstände in Österreich). Im ersten Jahr wurde Marxismus als Fach unterrichtet, dann folgte im zweiten Jahr ein Fach/Gegenstand, dessen Bezeichnung fast unübersetzbar ist und dessen Inhalt mir ein Buch mit sieben Siegeln blieb: „Theorie und Praxis des sich selbst-lenkenden Sozialismus", so der Titel in sehr freier Übersetzung. In den ersten beiden Jahren wurde zudem auch das Fach „Die Verteidigung und der Schutz" unterrichtet. Dieses

Fach durfte ich dann für zwei weitere Jahre an der Universität genießen.

Der Lehrer, der das Fach „Die Verteidigung und der Schutz" an meiner Schule unterrichtete, war ein ehemaliger Berufssoldat im Offiziersrang, der, wie viele seiner Genossen, schon früh, d.h. mit ca. 45 Jahren, in Pension gegangen war und auf Kosten der Gesellschaft für seine Dienste in der Armee lebte. Ich glaube, dass er auch gar nicht hätte arbeiten müssen, aber die Lehrertätigkeit übernommen hatte, da er sich wohl zu Hause gelangweilt hätte. Unnötig zu sagen, dass ihm jegliche Ausbildung zum Lehrerberuf fehlte, er aber als „Fachmann" auf seinem Gebiet galt. Uns sagte er, dass er auf Grund des Mangels an ausgebildeten Lehrern in diesem Fach gebeten worden war, diese Stelle zu übernehmen. Da er uns oft Geschichten erzählte, deren Wahrheitsgehalt sehr zweifelhaft war und die mit viel Phantasie ausgeschmückt waren, kann ich nicht sagen, ob seine Darstellung von der höflichen Einladung, die Stelle zu übernehmen, den Tatsachen entsprach. Angeblich, wie er erzählte, sei er ein Helikopterpilot gewesen. Ob das wahr war?

Ich erinnere mich an einen kleinen, gut proportionierten Mann, der offensichtlich fit war mit schwarzem Haar und Schnurrbart, ein Serbe. Er war keineswegs unsympathisch und konnte manchmal herzlich lachen, aber auch wild und tierisch brüllen, sodass die Wände zitterten und es im Klassenzimmer so still wurde, dass man hätte eine Fliege surren hören. Damals war er ca. um die Mitte vierzig. Als er zum ersten Mal in die Klasse kam, trug er einen schwarzen Anzug. In Uniform habe ich ihn nur einmal gesehen, als er für uns einen Flug mit einem Helikopter der Armee organisierte. Wahrscheinlich sollte die Uniform dem Ereignis eine besondere Bedeutung geben.

Meine Schule galt als eine Eliteschule. Wir mussten keine Schuluniform tragen und durften in Schuhen herumspazieren, zum Unterschied zur Grundschule, die acht Jahre gedauert hatte und wo wir eine genau beschriebene Marke von Schulpantoffel und blaue Mäntel tragen mussten. Es war nicht an allen Mittelschulen gestattet, die Schule in Zivilkleidung, zu besuchen.

Während es in der Grundschule Pflicht war aufzustehen, wenn der Lehrer das Klassenzimmer betrat und es immer Diskussionen darüber gab, dass wir so aufzustehen hätten, dass es so wenig Lärm als möglich mit unseren Stühlen dabei gab, durften wir im MIOC sitzen bleiben, wenn der Lehrer hereinkam. Wenn nun dieser Lehrer die Klasse betrat, war es keineswegs still und man hörte das Knirschen der Stühle. Er kam kurz herein, schaute uns mit einem wilden Blick an und ging wieder hinaus. Wir wussten nicht, was los war. Dann kam er wieder herein. Die Schüler schwätzten weiter und blieben sitzen. Da begann der Mann plötzlich so wild zu schreien, dass mir das Blut in den Adern gefror, in der Klasse herrschte plötzlich Stille. Es war nur eine Fliege zu hören, die ihre *zzz zzz* Schleifen durch das Klassenzimmer drehte. Er schrie, wir sollten aufstehen, sobald er ins Zimmer käme. Aha, wirklich? Das tun wir doch sonst auch nicht, sagte jemand im Hintergrund. Darauf schrie der Typ, wir sollten nicht reden, falls er keine Erlaubnis dafür erteilt hätte. Es herrschte Verwirrung unter uns und die Angst in der Luft war spürbar. Was hatte das zu bedeuten? Stand da ein Irrer vor uns in der Klasse? Mit lautem Schreien verkündete er, er werde die Klasse nochmals verlassen und uns die Chance geben, ihn ordentlich zu begrüßen und damit als Autoritätsperson zu würdigen. Das bedeutete Aufstehen und ihn mit einem lauten „Zdravo" – Gruß, der in etwa „Heil" bedeutete, zu begrüßen. Die Klasse versuchte es, aber er war mit unserem Gruß nicht einverstanden, da wir nicht wie eine „ein-Mann-Stimme" klangen. Schließlich gab er sich mit dem gnädigen Angebot zufrieden, dass wir in aller Stille aufstehen sollten, sobald er in die Klasse kam. Das also war die Einführung eines neuen Faches an einer neuen Schule mit neuen Schulkameraden am Beginn eines neuen Schuljahres- eines Faches, von dessen Existenz wir noch nie zuvor etwas gehört hatten. Ehrlich gesagt, das war wohl die schlimmste Erfahrung, die wir mit ihm machten. Er wollte Disziplin durchsetzen und seine Strenge demonstrieren - und es ist ihm auch gelungen. In den folgenden Wochen stand immer einer von unseren Klassenkameraden vor seinen Stunden draußen am Gang und warnte uns, sobald sich unser neuer Lehrer dem Klassenzimmer näherte. Wir alle standen dann wie 36 Kerzen unbeweglich, starr und wortlos da und warteten in Todesstille, bis unser Lehrer Kamerad M. hereinkam.

Selbstverständlich gab es für das neue Fach auch ein Lehrbuch, das reich bebildert war mit den Abbildungen von Panzern und Waffen der unterschiedlichsten Art und dessen erklärender Text die verschiedenen Waffengattungen beschrieb. Ich befürchtete, dass ich niemals imstande sein würde, alle diese Dinge auswendig zu lernen, aber wie sich im Laufe der Zeit herausstellte, war dies auch nicht notwendig. Unser neuer Lehrer erwartete von uns nur, dass wir ein ordentliches Heft führten, das möglichst viele Bilder von Waffen, Panzern, Helikoptern, Kampfflugzeugen, Armeefahrzeugen, Soldaten, Partisanen und Schlachten enthalten sollte. Am besten sei es, wenn auf Begleittexte gänzlich oder fast verzichtet werde. Wir sollten die Bilder ins Heft kleben. Mein Problem war nun, wo sollte ich solche bescheuerten Bilder denn finden? Es gab eine Soldatenzeitschrift namens „Front", aber die Anzahl der Exemplare in den Trafiken war gering (wen interessierte so etwas noch Anfang der achtziger Jahre) und diese Zeitschrift war im Umkreis von 10 km immer ausverkauft. Schließlich gab es an unserer Schule dreizehn Klassen mit je 36 Schülern, die alle diese Abbildungen brauchten. Einmal im Monat blätterte der Lehrer unsere Hefte durch und wir bekamen eine Note. Er vereinfachte die Notengebung etwas insofern, als er unsere Bemühungen entweder mit „ausgezeichnet" oder mit „nicht genügend" bewertete - soldatisch eben. Er erklärte uns seine Vorgangsweise damit, dass wir von einer Kugel entweder getroffen werden können oder auch nicht, dazwischen gäbe es nichts. Falls wir getroffen werden, sind wir damit unbrauchbar und zu einer Last für unsere Kameraden geworden. Sehr bildlich und klar dargestellt. An jene tollen Hefte, die mit hochqualitativen Bildern, eventuell auch mit händischen Zeichnungen von Teilen von Waffen geschmückt waren und keine Tintenflecke aufwiesen, vergab er einen Bonus, den sogenannten „Quisco", der den Schüler davor bewahrte, ein „nicht genügend" zu erhalten falls sein Heft einmal nicht in Ordnung war. Stattdessen wurde er nur mit einem Minus bedacht. Man konnte sich mit einem „Quisco" retten. Ich klapperte alle Geschäfte ab, um an die besagten Bilder zu kommen. Es war wirklich nicht einfach, vor allem auch da ich nicht große Lust auf diesen Blödsinn hatte.

Einmal im Jahr absolvierten wir Schießübungen. Wir erhielten ein Gewehr, eine Mauser M48 mit fünf Kugeln und sollten auf eine Zielscheibe schießen. Mit drei gelungenen Hits konnte man ein „ausgezeichnet" erhalten. Auch mit weniger als drei Treffern konnte man ein „ausgezeichnet" erreichen, falls man einen „Quisco" für das Bildmaterial im Heft erhalten hatte. Erreichte man mehr als drei Treffer, bekam man einen zusätzlichen „Quisco". Mich retteten immer die Bilder in meinem Heft. Schießen war nicht so wirklich meins, wie man in Österreich sagt, obwohl ich anscheinend ein Naturtalent im Bogenschießen bin, was ich allerdings erst in fortgeschrittenem Alter entdeckte.

Mit der M48 musste man wirklich aufpassen, da der Rückstoß so stark war, dass im Moment des

Schusses, aber auch noch längere Zeit danach starke Schmerzen auftreten. Wir lagen im Schießstand wie die Ölsardinen eng nebeneinander und schossen. Eine meiner Klassenkolleginnen, die so kurzsichtig war, dass sie ohne Brille kaum ihre Nasenspitze sehen konnte, musste ebenfalls an den Schießübungen teilnehmen und zwar – ohne ihre Brille, da Brillen nicht erlaubt waren. Sie war Violinistin und konnte überhaupt nichts mit Waffen anfangen, hatte demgemäß auch kein Gefühl dafür und wurde von Angst so übermannt, dass sie die Augen schloss und der Schuss nicht die Zielscheibe traf, sondern ca. 3m vor uns in die Erde einschlug. Staub wirbelte auf und keiner von uns konnte etwas sehen. Unser Lehrer kam angerannt und riss das Mädchen vom Boden auf, schrie sie mit wilder Stimme an und warf sie hinaus. Sie hatte Probleme mit ihm bis zum bitteren Ende ihrer Schulzeit.

Zum jährlichen Programm unserer Klasse gehörte auch der richtige Gebrach der Gasmaske. Wir mussten imstande sein, die Maske innerhalb von sechs Sekunden aus unserer Schultertasche zu ziehen und sie aufzusetzen. Lehrer M. stand dabei und maß die Zeit mit seiner Stoppuhr. Ich schaffte es, Gott sein Dank, denn hier gab es keine Möglichkeit einen „Quisco" einzulösen. Der Lehrer meinte, entweder wir schafften diese Prozedur und lebten oder wir wären tot. Als Tote wären wir nur eine Last für unsere Kameraden. Immer die gleiche Drohung: Eine Last zu werden, keine Last sein zu dürfen. Als freiwillige Übung, außerhalb unserer sonstigen Pflichten, sollten wir innerhalb von dreißig Sekunden eine Pistole zusammenbauen. Das war eine Chance einen zusätzlichen „Quisco" zu erhalten. Ich habe es nicht einmal versucht.

Einmal organisierte er für uns einen Helikopterflug in einem Kampfhubschrauber, der ca. 20 Minuten dauerte. Nur ausgewählte drei Klassen von dreizehn durften mitmachen, nur die bravsten. Meine Klasse war selbstverständlich dabei. Dieses Ereignis sollte den ganzen Tag dauern, es handelte sich also um einen Tagesausflug, somit einen schulfreien Tag. Im Hubschrauber war es dunkel, wir fühlten uns als säßen wir im Magen eines großen Vogels und konnten kaum etwas sehen. Wir hörten den Motor, die sich drehenden Rotoren, alles vibrierte. Das dauerte ca. eine viertel Stunde. Ich bin mir nicht sicher, ob wir tatsächlich flogen oder aber auf dem Flugplatz standen. Er behauptete jedenfalls, wir seien geflogen. Was hätte er auch sonst sagen sollen?

Am Ende des Jahres hatten fast alle aus meiner „Streberklasse" ein „ausgezeichnet" im Fach „Verteidigung und Schutz", ausgenommen jene, die ihm im Laufe des Kurses auf die Zehen gestiegen waren. Wie gesagt, wirklich böse war er nicht, aber wir verschleuderten zwei wertvolle Jahre unserer Zeit. Es hätte sicher Besseres und Nützlicheres gegeben, das wir in diesen beiden Jahren hätten lernen können.

Was unser Lehrer M. sechs oder sieben Jahre später, als der wirkliche Krieg begann, machte und wo er sich aufhielt, habe ich nie erfahren. Neugierig wäre ich schon.

Astrid, habt ihr auch so ein Fach gehabt?

Nein, zu meiner Zeit gab es dieses oder ein ähnliches Fach nicht. Eine einmalige Konfrontation mit der Armee, bei uns in der DDR wurde es „Zivilverteidigung" genannt, gab es in der 9. Klasse. Die Jungs fuhren für zwei Wochen in ein Lager mit Baracken, nach Brodowin, ein kleiner Ort in der Nähe. Dort wurden sie von Unteroffizieren nach dem Muster der Armee ausgebildet. Sie übten robben, mit Gasmaske und Marschgepäck durch den Wald laufen, Sturmbahnen überqueren, auf dem Platz vor ihren Baracken marschieren und die Betten und Zimmer nach Art der Armee zu reinigen und zu ordnen. Wir Mädchen absolvierten verschiedene Stationen in dieser Zeit im Schulgebäude, im Wald oder an Orten in der Stadt. Zum Beispiel wurde uns gezeigt, aus einem Taschentuch und einer Feinstrumpfhose eine Art Gasmaske anzufertigen. Damit machten auch wir einen Marsch mit Karte und Kompass durch den an die Stadt angrenzenden Wald. Dabei wurden auch die Schutzmasken von uns getragen. In unserer Schule begaben wir uns für eine Übung in den Werkraum, der sich im Keller befand. Dort hatten wir die Aufgabe, uns durch die schmalen Kellerfenster nach draußen zu quetschen und auf dem Schulhof zu sammeln. Ein andermal begaben wir uns in einen Raum einer anderen Schule, der sich unterirdisch befand und einen Tunnel unter den Schulhofplatz hatte. Dieser war dafür vorgesehen, im Notfall das Schulgebäude evakuieren zu können. Von dort aus krochen wir gebückt durch den engen Fluchtweg, der auf die Straße führte. Sie erzählten uns viel von Atomkrieg und dass wir darauf vorbereitet sein müssen. Es war ziemlich beängstigend und eine meiner Freundinnen empfindet es noch heute als gruslig, da es sich in ihrer Erinnerung so echt anfühlt. Die Erzählungen und möglichen Gefahren des Krieges in Filmen veranschaulicht oder mit Worten von Personen beschrieben, ängstigten mich damals ebenfalls, doch es hat sich bei mir zum Glück nicht so eingebrannt.

Kinderbücher

Astrid, Juni 2019

Heute liebe Mirela möchte ich dir über einige beliebte Kinderbücher-und Filme schreiben. Ich hoffe du erholst dich gut in deiner alten Heimat Kroatien, genießt das Meer und die Ruhe.„Eva in Afrika", broschiert von 1976, war eines meiner Lieblingsbücher, nicht nur wegen der Geschichte, die ein kleines blondes Mädchen, welches nach Afrika reist und die Welt für sich entdeckt, beschreibt, sondern auch durch die schönen Bilder. Geschrieben von Zenta Ergle, illustriert von Margarita Staraste, beide Frauen aus Russland/Lettland und von J.Bernstein übersetzt. Gianni Rodari, italienischer Kinderbuchautor schrieb ein weiteres Kinderbuch, welches ich mehrmals las und ebenfalls sehr kinderfreundlich illustriert ist, „Zwiebelchen". Die in der DDR sehr beliebten Trompeterbücher, stellten eine Serie kleiner Bücher im Format vom Taschenbuch dar, welche die verschiedensten Geschichten von unterschiedlichen Autoren aus sozialistischen Ländern erzählten. Ich weiß es noch so genau, denn davon liegen noch unzählige in den Staufächern im Dachgeschoß. Ich hoffe sie eines Tages, meinen Enkeln vorzulesen und ihnen zu vererben. Der Märchenzyklus des russischen Schriftstellers Alexander Woikov, wie zum Beispiel : „Der Zauber der Smaragdenstadt", „Der schlaue Urfin und seine Holzsoldaten" ist in meiner Erinnerung eine der beliebtesten Kinderbuchreihe, oft nur nach dem langen Anstehen zu ergattern oder sogar nur „unter dem Ladentisch" erhältlich. Ich liebte die Hauptfiguren Elli aus Cansas, den tapferen Löwen, den Scheuch und den Eisernen Holzfäller, die sich gegenseitig halfen und gegen das Böse kämpften. Ich bekomme gerade Lust, die Bücher aus ihren Regalen zu holen und erneut nach 35 bis 40 Jahren zu lesen. Spätere Bücher im Zyklus von Woikov folgten in der Jugendzeit, wie: „Der Feuergott der Maranen" oder „Der gelbe Nebel". Vielerlei Gefahren bestehen sie gemeinsam, die sie in die große Wüste, die Berge oder das Zauberland führen. Zauberpulver erweckt Holzsoldaten zum Leben, die Mäusekönigin Ramina eilt zur Hilfe, das unterirdische Land der Erzgräber wird durchquert oder die Krähe Kaggi - Karr als Botschafter ausgesandt. Es wurde mir nie langweilig. Auch das Buch „Alfons Zitterbacke" las ich mit Vergnügen und einige der Bücher wurden auch verfilmt. So war z. Bsp. der Kinderfilm „Alfons Zitterbacke" bekannt in der DDR, doch dieser scheint mir wenig einprägsam gewesen zu sein, denn ich habe die Erinnerung daran verloren oder als Buch gefiel es mir einfach besser. Der zehn Jahre alte Alfons besucht mit seiner Freundin einen Rummelplatz. Hier muss er seinen Mut unter Beweis stellen, beispielsweise in der Geisterbahn. Unter anderem veralbern ihn seine Mitschüler wegen seines Nachnamens Zitterbacke. Auch hat Alfons Probleme mit seinem Vater, dem er kaum etwas recht machen kann-halt Kindersorgen.

Mehr Erinnerung habe ich an einige Kurzkinderfilme, die in kleinen Serien ausgestrahlt wurden.

Auch diese waren oft aus sozialistischen Nachbarstaaten und haben meine Kindheit geprägt und viel Freude gebracht. So z. Bsp. Hase & Wolf, ein Trickfilm UdSSR der `70 -`80iger Jahre. Der russische Originaltitel „Nu, pogodi! Hy погоди!", übersetzt „Na, warte, dich kriege ich!", hatte um die 20 Folgen, in denen der Wolf den Hasen ständig verfolgte, um ihn zu fressen. Dieses Hy погоди! war ein lustiger Ausspruch, der manchmal auch im Alltag, im Spaß verwendet wurde und noch manchmal heute heraus gekramt wird – nur zwischen „Ossis" versteht sich.

Der kleine Maulwurf dagegen war eine tschechische Zeichentrickserie, welche ebenfalls in der DDR ausgestrahlt wurde. Die Musik komponierten Miloš Vacek und Vadim Petrov (was ich als Kind allerdings nicht wusste und es war mir auch egal), doch sie war sehr einprägsam und wenn erste Töne erklangen, liefen wir Kinder ins Wohnzimmer, um die heutige Folge zu schauen. Es gab immer wieder neue Teile und ich erwartete schon aufgeregt ein neues Abenteuer, welches der Maulwurf zusammen mit Hase, Igel und Maus erlebte.

Heißer Draht ins Jenseits - das war cool. Eine ungarische Zeichentrickserie mit 13 Folgen aus den Jahren 1968/1969. Die Familie in der Serie Mutter, Vater, Adular und seine Schwester Christa erleben alltägliche Situationen, doch Adular entflieht der Familie mit seinem Hund Schnuffi in einem aufblasbaren Raumschiff, auf zu großen und surrealen Abenteuern. Am Ende ist die Hauptfigur doch immer wieder froh, nach Hause in die Familie zurückkehren zu können. Die Serien sind in meiner Erinnerung präsent, denn sie waren sehr lustig und mir klingt noch das Lachen meines Bruders und auch meines Vaters in den Ohren, welche die Serie gleichfalls mochten, und sich davon begeistern ließen.

Was ich unheimlich gerne sah, waren verfilmte Geschichten der schwedischen Kinderbuchautorin Astrid Lindgreen „Pippi Langstrumpf" (mit vollem Namen Pippilotta Viktualia Rollgardina Pfefferminz Efraims Tochter Langstrumpf). Auch heute würde ich mich hinreißen lassen, eine der Geschichten zu schauen. Dieses kleine, rothaarige, lebensprühende, unkonventionelle Mädchen, dessen Vater – als König auf einer Südseeinsel herrschte und nur ab und zu heimkehrte, sprüht vor Lebenslust. Pippi Langstrumpf lebt zusammen mit ihrem Äffchen, Herr Nilsson und ihrem Apfelschimmel- kleiner Onkel genannt in der Villa Kunterbunt (schwedisch: Villa Villekulla) am Rande einer kleinen, namenlosen Stadt. In ihrer Nachbarschaft wohnen die beiden Kinder Tommy und Annika, die Pippi bei ihren Abenteuern begleiten, wenn diese nicht gerade mit ihrem Vater außergewöhnliche Begebenheiten auf der ganzen Welt erlebt. Doch diese Geschichten, vermute ich, kennt fast jedes Kind in Europa, oder sollte sie zumindest kennen. Stimmst du mir zu Mirela?

Bei „Spuk unterm Riesenrad" handelt es sich um eine Kinderserie in sieben Teilen, erschienen 1979 im DDR-Fernsehen. Die Handlung spielt im Berliner Kulturpark Plänterwald. In der dortigen Geisterbahn werden per Zufall ein Riese, Rumpelstilzchen und die Hexe zum Leben erweckt. Diese verkleiden sich und reisen zum Hexentanzplatz, wo sie für Unruhe sorgen. Die Kinder jagen die Geister, die sich schließlich in der Burg Falkenstein verstecken. Mithilfe eines alten Spruchs und dem Großvater der Kinder gelingt es, die drei Gestalten wieder in Puppen zurück zu verwandeln.

Später als Jugendliche sah ich gerne die dänische Krimiserie „Die Olsenbande", in der das Ganoventrio, bestehend aus dem Bandenchef Egon Olsen und seinen beiden besten Freunden Benny und Kjield ihr Unwesen trieben. Als Klassiker in der DDR, entstanden in den 70-ger und 80-ger, zeigen die Filme, wie diese Drei immer wieder versuchen, mit einem „großen Coup" nach einem raffinierten Plan ihres Anführers reich zu werden, jedoch stets scheitern aus unterschiedlichen und meist skurrilen Gründen. Egon, berechnend und perfektionistisch, ist Experte im Knacken von Tresoren nur mit Stethoskop und Fingerspitzengefühl am Zahlenschloss, landet dennoch wiederholt im Gefängnis. Während dieser Aufenthalte in Halft entwickelt er sogleich jedes Mal einen „genialen" und „todsicheren" Plan, den er nach seiner Entlassung seinen beiden Komplizen vorstellt. Egon klein, mit grauer Melone, Nadelstreifenanzug und kaltem Zigarrenstummel, Benny groß, mit Hut, Karojacket und Hochwasserhosen, Kjield etwas füllig, mit Aktentasche und Kordjacke erfreuten mich und meine Familie. Die Drei liebenswerten Chaoten ließen uns lachen und mit ihnen fiebern. Auch Kjields Frau Yvonne und beider Sohn Borge durften nicht fehlen.

Als ich deine Geschichte las, wurde ich von einem Schwall von mir unverständlichen, ja unangenehmen Gefühlen und tiefer Traurigkeit übermannt, da ich nichts Bekanntes in ihr entdecken konnte. Kein einziges Buch, keine einzige Fernsehsendung, die mir vertraut war. Peinlich, peinlich! Aber warum sollte mir das eigentlich peinlich sein? Schließlich lebten wir in zwei unterschiedlichen Staaten, die mehr als 1000 km von einander entfernt sind. Auch wenn ich keinen Grund sehe, warum mir das Fehlen ähnlicher Erinnerungen peinlich sein sollte, war ich doch enttäuscht. Wünsche ich mir, dass wir beide, Du und ich, in unserer Kindheit nicht nur Ähnliches im Alltag erlebten, sondern auch Ähnliches lasen und sahen? War das ein Mein-Kumpel-wird-mich-verstehen-Wunsch, der in der erwachsenen Mirela hochkam, als ich an meine Kindheit dachte und von meinen Erinnerungen in die Vergangenheit katapultiert wurde? Hatten sich meine Erwartungen und meine Hoffnungen nicht erfüllt? Als ich aber endlich auf die Zeilen über Astrid Lindgrens „Pippi Langstrumpf stieß, fühlte ich mich sofort besser - endlich etwas Bekanntes, eine Gemeinsamkeit!

In meiner Vorschulzeit las mir vor allem meine Mutter die klassischen Märchen der Gebrüder Grimm vor, wie z.B. Rotkäppchen, Hänsel und Gretel, Schneewittchen und die sieben Zwerge, Aschenputtel, Der gestiefelte Kater und viele, viele andere. Schneewittchen und Aschenputtel gefielen mir am besten, die hätte ich mir jeden Tag anhören können. Wir hatten Bilderbücher mit Grimms Märchen und mehrere dicke Bände mit den gesammelten Werken der Gebrüder Grimm. Sehr bald konnte ich alle Märchen, bzw. die Texte unter den Bildern auswendig und rezitierte sie, während meine Mutter nur die Seiten des Bilderbuches umblätterte.

Rotkäppchen war für meine Einschlafzeit reserviert. Mein Vater brachte mich meist zu Bett und legte sich neben mir nieder, um mir das Märchen vorzulesen. Ich unterbrach ihn bald, das war Teil unseres Rituals, und erzählte die Geschichte halblaut weiter, bis ich irgendwann, meist noch vor dem Ende des Märchens, einschlief. Allerdings passierte es auch oft genug, dass meinem Vater die Augen zufielen und er statt mir in den Schlaf hinüberglitt. Dann weckte ich ihn oft gnadenlos auf und verlangte meine Geschichte. Manchmal blieb ich aber auch ruhig neben ihm liegen, drehte mich resigniert zur Wand und bohrte sorgfältig in meiner Nase, rollte die gefundenen ´Schätze´ zwischen meinem Daumen und meinem Zeigefinger und klebte sie endlich auf die blass-rosa Tapete meines Kinderzimmers. Selbstverständlich waren meine Eltern nicht begeistert von der dunkelbraun gepunkteten Wand hinter meinem Bett und schimpften oft mit mir. Sie sagten mir, ich solle mich schämen und hofften, mich vor weiteren Verunstaltungen abzuhalten, ja sie drohten mir, keine Gutenachtgeschichten mehr vorzulesen, wenn ich diese üble Angewohnheit nicht aufgebe.

Es half alles nichts. Das Nasenbohren blieb lange Jahre meine abendliche Lieblingsbeschäftigung. Irgendwann, um all dem Wirbel und der Kritik zu entkommen, entwickelte ich eine neue, weniger sichtbare Technik: Ich klebte das zusammengeballte Ergebnis meiner Bemühungen an den unteren Rand des Bettgestells oder an die Wand unterhalb, damit das Resultat unsichtbar blieb. Lange, lange Zeit glaubten meine Eltern, ich hätte meine unappetitliche Gewohnheit aufgegeben - weit gefehlt. Vielleicht, wenn ich jetzt darüber nachdenke, handelte es sich um ein Mit-sich-selbst-Beschäftigen als Entspannungsritual. Und jetzt werde ich dir ein großes Geheimnis anvertrauen: Auch heute als Erwachsene bohre ich noch manchmal in der Nase. Bewusst. Mit Genuss.

Entschuldige den etwas unappetitlichen, aber zutiefst ehrlichen Einblick, der eng mit meinen Rotkäppchen Erinnerungen und unserem Thema verbunden ist.

Wir hatten auch sehr viele Bilderbücher aus dem Maja - Zyklus: Maja reist mit dem Flugzeug, Maja geht in die Schule, Maja geht Einkaufen, Maja ist krank usw. Ein Maja Bilderbuch für alle Lebenssituationen eines Kindes. Mit diesen Bilderbüchern bereitete unsere Mutter mich und meine Schwester, die ebenfalls Maja heißt, auf neue, geplante Abenteuer vor. Sie dienten dem Zweck des Lernens. Ich war oft eifersüchtig, weil Maja im Bilderbuch Maja hieß und nicht wie ich Mirela. Das ließ sich leider nicht ändern. Meine Schwester war dagegen stolz auf die Namensgleichheit und erlebte die Maja - Abenteuer fast so, als wären es die eigenen Erfahrungen.

Als ich schon in der Schule war und selbst lesen konnte, verschlang ich alle Bücher, die mir in die Quere kamen. Unsere Schullektüre hatte zumeist mit den Partisanen und Krieg zu tun (was sonst??). Immerhin, manche dieser Bücher waren ganz nett und mit viel Gefühl geschrieben, wie z.Bsp. „Pirgo" von Anđelka Martić. Das war ein Roman über die Freundschaft eines fünfjährigen Jungen, Željko, und dem kleinen Hirschen namens Pirgo im Wirbelwind des Zweiten Weltkrieges. Željko ist ein Partisanenkind, der im Krieg seinen kleinen Bruder verlor und seine Eltern nur gelegentlich sieht. Pirgo hingegen verlor beide Eltern und der Junge Željko kümmert sich um ihn. Dieses Buch strahlt viel Menschlichkeit aus und verurteilt den Krieg und das Leiden der Kinder.

Eine der bedeutendsten kroatischen Schriftstellerinnen war Ivana Brlić-Mazuranić. Ihre Märchen „Priče iz davnine" (Geschichten aus der Vergangenheit) hatten eine magisch anziehende Kraft, weil sie oft von einer real nicht existierenden Wunderwelt und kleinen Zauberwesen erzählten. Ich liebte sie und las sie immer wieder. Ein weiteres Buch von Mazuranić war „Čudnovate zgode i nezogde šegrta Hlapića (Seltsame Ereignisse und Vorfälle im Leben des Lehrlings Hlapić) - eine Erzählung über unterschiedlichste Situationen, in welchen sich der kleine Lehrling befindet und den Unfug, den er betreibt, dessen Ursprung in seiner Lebendigkeit und seiner Kreativität liegt.

Ivana Brlić-Mazuranić fing 1913 zu schreiben an. Meine Mutter las ihre Werke in ihrer Kindheit und ich in der meinen in den siebziger Jahren. Ihre Märchen sind auch heute noch immer inspirierend und aktuell und vor allem regen sie die Phantasie an. Ich frage mich oft, ob die Kinder von heute, die so viel Zeit mit dem Computer verbringen, nicht an einem Mangel an Phantasie leiden, da sie keine Chance haben, ihre eigene Kreativität und Vorstellungskraft zu entwickeln, weil sie alles fertig serviert erhalten. Ich kann mir nicht vorstellen, dass Computerspiele, die ich für extrem verdummend, langweilig und repetitiv halte, die Phantasie eine Menschen anregen können. Vielleicht irre ich mich, vielleicht fehlt mir auch das richtige Verständnis - andere Zeiten, andere Sitten, andere Moden und Trends....

Ein anderer kroatische Schriftsteller, den ich sehr schätze und von dem ich vieles las, war Mato Lovrak. Er schrieb mehrere Dutzend Kurzgeschichten für Kinder und führte Kinder aus bäuerlichen Verhältnissen als Hauptdarsteller in die kroatische Kinderliteratur ein.

Die beiden erwähnten Autoren schrieben wunderschön, aber „Heidi" von Johanna Spyry blieb für mich unschlagbar (ich hoffe sehr, dass du „Heid" kennst...) Das Waisenkind Heidi wird ihrer Tante lästig und zieht zu ihrem Großvater, der auf einer Alm lebt. Der alte Mann will Heidi vor der Bosheit der Welt abschirmen und schickt sie mit dem Geissenpeter und den Ziegen auf die Alm statt in die Schule. Während des Lesens spürt man förmlich die Ruhe der wunderschönen Landschaft. Eines Tages aber muss das Mädchen all das verlassen und nach Frankfurt in eine völlig neue Welt umziehen, in der es statt Bergen, Wiesen und rauschenden Wäldern nur eine große, graue Stadt mit breiten Straßen und vielen Menschen gibt. Ich lag mit hohem Fieber im Bett, als mir meine Mutter „Heidi" vorlas. Ich brach in Tränen aus. Aus Angst, dass sich mein Zustand verschlechtern könnte, wollte meine Mutter das Vorlesen unterbrechen. Ich protestierte und drängte sie weiter zu lesen.

„Onkel Toms Hütte" von Harriet Beecher Stowe und „Das Dschungelbuch" von Joseph Rudyard Kipling gehörten auch zu den Werken der Jugendliteratur, die ich sehr schätzte, genauso wie Bücher über die Tierwelt und die Weltgeschichte… Es ist unmöglich, alles aufzuzählen, was ich als Kind las. Viele dieser Bücher sind noch in meinem Schlafzimmer unseres Wochenendhauses zusammen mit meiner Puppensammlung deponiert. Eine Zeit lang sammelten sowohl ich als auch meine Schwester Puppen, die in den Nationaltrachten gekleidet waren und die wir an die Wand hängten. Immer wenn unsere Eltern von einer Reise zurückkamen, brachten sie uns eine neue Puppe mit. Später, als wir beide bereits alleine unterwegs waren, brachten auch wir solche Trachtenpuppen nach Hause. So entstand allmählich eine Sammlung verschiedenster Puppen, wie eine Puppe aus dem finnischen Lappland, eine in bunter tschechischer Tracht, eine ungarische Pup-

166

pe mit roten Stiefelchen, ein griechischer Puppenmann, ein schottischer Geiger, ein kanadischer Indianer und viele andere - alles Originale.

Die „Tom & Jerry" Zeichentrickfilme waren immer um 19.15 Uhr vor den Abendnachrichten zu sehen. Wir liebten den Kater Tom und seine Abenteuer mit den zwei Mäusen, seine Kämpfe und den Unfug, den er für fünf Minuten lang auf dem Bildschirm trieb. Manchmal gab es statt „Tom &Jerry" den Pink Panther. Den mochte ich nicht, aber er gefiel mir immer noch besser als Lolek und Bolek, die ich beide schrecklich langweilig fand. Den jugoslawischen Zeichentrickfilm „Professor Baltazar", der die Probleme seiner Mitmenschen mit seiner kuriosen Erfindungsmaschine, verschiedenen Chemikalien und Reagenzien lösen und sie glücklich machen wollte, lernte ich erst im Erwachsenenalter zu schätzen. Obwohl die Serie aus 59 Teilen das erfolgreichste Projekt der Zagreber Zeichentrickschule darstellte, nervte mich als Kind Professor Baltazar nur.

Die berühmteste Kinderfilm - Serie war damals „Der Große und der Kleine", der von einer Familie, einem sechsjährigen Sohn, seinem Vater und seiner Mutter, handelte. Die Filme wurden immer nachmittags im Fernsehen gezeigt und ich verfolgte sie mit großem Vergnügen. Besonders spannend waren sie auch deshalb, weil die beiden Hauptdarsteller, Vater und Sohn, die auch im wirklichen Leben Vater und Sohn waren, in unmittelbarer Nähe von uns wohnten und der kleine Bub namens Ivaca noch dazu in meine Schule ging. Ivica war zwei oder drei Jahre älter als ich. Die Mutter in der Serie wurde von einer bekannten Schauspielerin und Sängerin, der „Königin" des kroatischen Musicals, Sandra Miladinov Langerholz, dargestellt. Immer wenn ich ihre wunderschöne Stimme höre, bin ich so gerührt, dass es mich kalt überläuft - bis heute. Höre dir einmal ein Lied aus dem Musical „Jalta, Jalta" auf YouTube an, dann wirst du verstehen, wovon ich rede.

https://www.youtube.com/watch?v=8V5HuxQ4etY

Vielleicht kannst du auf Grund deiner Russischkenntnisse einige Worte verstehen.

Leider hatte diese Kinderfilmserie auch ein Ende - Ivica ist schnell gewachsen und war somit bald nicht mehr geeignet einen Sechsjährigen zu spielen. Damals waren ja die technischen Möglichkeiten etwas beschränkter als heute. Der Kleine in der Harry Potter Serie ist wohl ebenfalls gewachsen, blieb aber in den Filmen kleiner als es dem tatsächlichen Alter des Darstellers entsprach.

„Sandokan - der Tiger von Malaysia" war eine italienische Minifernsehserie aus dem Jahr 1976, eine Verfilmung des Abenteuerromans von Emilio Salgari. Meine Eltern hassten den malaysischen Piraten und fanden die Serie einfach dumm. Ich dagegen wollte sie unbedingt sehen, was mir aber nicht immer gelang, da sie am Sonntag lief, einer Zeit, zu der wir noch im Wochenendhaus waren, wo es leider keinen Fernseher gab. Nur wegen Sandokan früher nach Hause zu fahren, dazu waren meine Eltern nicht bereit. Daher war Regen am Sonntag höchst willkommen, weil wir dann entweder früher nach Hause fuhren oder das Wochenende überhaupt zu Hause verbrachten.

Während ich diese Zeilen schreibe, wird mir bewusst, wie viel Verschiedenes ich in meiner Kindheit las, sah und erlebte - unglaublich!

Astrid, Juni 2019

Liebe Mirela. Lese gerade deine Zeilen. Bin begeistert, dass du so offen zu mir bist, in mir kommt auch manchmal ein starker Wunsch nach oben, einer Person sehr nahe zu sein, dass diese Person sehr ähnlich wie ich sein möge und mich ohne viel reden versteht oder ähnliche Erlebnisse erfuhr, Gefühle zu verschiedenen Episoden verspürt wie ich. Und du glaubst es vielleicht nicht, wenn ich dir beschreibe, wie ich hier am Schreibtisch sitze, vor mich hin lache, während mich deinen Geschichten entführen. Also was ich so lustig finde, dass ich auch gerne in Nase pule, ich brauche immer das Gefühl, dass sie sauber ist. Ich bin schon gespannt, wie unsere Leser darauf reagieren werden.

Und ich kenne sehr wohl Rotkäppchen, Tom & Jerry, Sandokan und andere von dir gebrachte Beispiele.

Kinderkultur

Mirela, September 2019

Selbstverständlich gab es in diesem sozialistischen Land auch eine sozialistische Kinderkultur. Dazu gehörten das Kindertheater, die Kinderfilme im Kino und auch die Oper, die nicht ausschließlich für Kinder gedacht war. Einmal im Schuljahr besuchten wir eine dieser Vorführungen und freuten uns wochenlang im Voraus riesig darüber, zum Teil auch deshalb, weil die Schule an einem solchen Tag ausfiel oder zumindest die Stundenzahl verkürzt wurde.

Mit meiner Volksschulklasse gingen wir ein paar Mal ins Kino, um belehrende Filme zu sehen. Meist wurden zwei oder drei Klassen gemeinsam ins Kino geführt, da sich die Begleitlehrer auf diese Weise die Verantwortung teilen konnten. Es war ja kein einfaches Unterfangen, Klassen mit oft mehr als dreißig Schülern pro Klasse zu beaufsichtigen, da wir manchmal auch zu Fuß ins Kino gingen oder falls die Entfernung dafür zu groß war, die Straßenbahn nehmen mussten.

Einer der Filme, die uns gezeigt wurden, war „Viak u snijegu" (Der Zug im Schnee), eine Verfilmung des Romans von dem früher erwähnten Kinderbuchautor Mato Lovrak. Ein anderer Film, an den ich mich erinnere, war „Vuk samotnjak" (Der Wolf des Einzelgängers), der von der Freundschaft eines Buben mit einem Hund handelt, von dem die Menschen glauben, er sei ein Wolf. Der Film spielt unmittelbar nach dem Ende des zweiten Weltkrieges. Die Tränen flossen, als der Wolfshund erschossen wurde. Nicht wenige Kinder verließen das Kino mit verweinten Gesichtern und Tränen in den Augen, die sie erfolglos verbergen wollten.

Wir gingen auch oft in das Kindertheater, vor allem auch in jenes, in dem meine „Ballettkarriere" begonnen hatte. Unsere Ballettlehrerin wusste genau Bescheid, wann sich welche Schule bzw. Klasse die Vorstellung ansehen würde. Jede(r), die/der in der Vorstellung mitspielte, hatte einen „Ersatz". Bei jeder Vorstellung musste auch der Ersatz anwesend sein, damit im Falle der unerwarteten Abwesenheit eines Darstellers, z.B. auf Grund einer Krankheit (was so gut wie nie vorkam), der Ersatz einspringen konnte. Es war genau geregelt, wann die Darsteller auftraten und wann der Ersatz einspringen sollte. Die Ballettlehrerin war darauf bedacht, dass keiner ihrer Balletteusen vor der eigenen Klasse auftreten musste, was mir sehr recht war.

Meine Eltern führten mich zum ersten Mal in das Nationaltheater, wo wir „Schwanensee" sahen. Ich erinnere mich auch an einen Besuch dieses Theaters, wo gerade „Ero s onoga svijeta" (Ero der Schelm), eine kroatische komische Oper in drei Akten, aufgeführt wurde. Es war für mich, soweit ich mich erinnere, etwas schwierig dem Inhalt zu folgen, aber das letzte Lied gefiel mir am besten. In diesem Lied waren viele Musikelemente und Melodien aus der gesamten Oper integriert. Auf der Bühne tanzten die Darsteller, die in den Nationaltrachten gekleidet waren, und sangen dieses aufwühlende Lied, das es mir schwer machte, sitzen zu bleiben und nicht mitzutanzen und zu singen. Es gab großen Applaus.

https://www.youtube.com/watch?v=2tdDX-2d5C4

Diese komische Oper ist nicht nur die bekannteste kroatische Oper, sondern wird auch an ausländischen Bühnen aufgeführt. Ein bisschen Werbung für mein eigenes Land darf ich doch machen, oder?

Ich kann mich nicht erinnern, jemals ein Kinderkonzert besucht zu haben.

Schulausflüge

Mirela, Oktober 2019

In den letzten Sommertagen, die sich den Temperaturen nach allerdings schon langsam dem Herbst zuneigen, höre ich von Kollegen und Freunden, welche Schulkinder haben, den Satz: „Mein Sohn ist gestern von einer Projektwoche zurückgekommen. War ganz begeistert." Oder aber: „Meine Kinder sind nächste Woche auf Projektwoche. Bin ganz gespannt, wie es wird, und was sie uns nachher erzählen werden." Projektwoche, was ist das? Ich höre von Präsentationen, die die Kinder im Voraus vor der Abreise vorbereiten müssen, von der Fahrt, der Vorbereitung des Gepäcks und schließlich von der Freizeit, die es während der Projektwoche gibt und wie sie gestaltet werden soll. Das gab es in meiner Kindheit nicht. Wir fuhren z.B. auf einen Bauernhof und entdeckten eine neue Welt für uns. Vor allem die Tiere, für viele von uns nur aus Bilderbüchern bekannt, hatten es uns angetan, da wir sie im Gegensatz zu den Tieren im Zoo auch anfassen und streicheln durften. Natürlich waren sie nicht so exotisch wie es Elefanten, Affen oder Giraffen im Tiergarten sind, sondern es waren Hühner, Enten, Schweine, Ziegen, Schafe mit ihren Lämmern und Katzen und Hunde, die frei auf dem Hof herumliefen. Wenn wir Glück hatten, gab es auch junge Kätzchen und Welpen, die man streicheln konnte. Solche Erlebnisse auf einem Bauernhof waren aufregend und riefen bei uns Kindern große Begeisterung hervor, da sie ganz neue Erfahrungen für uns darstellten. Viele von uns hatten nie zuvor solche Nutztiere gesehen, außer vielleicht im Fernsehen oder auf Abbildungen oder aber in Form eines Schnitzels oder eines Filets auf dem Teller. Beim Essen denkt man aber üblicherweise nur an den eigenen Hunger und nicht daran, dass dieses Hühnerfilet irgendwann einmal Federn hatte und frei in der Natur herumlief - sofern es sich um ein Freilandhuhn handelt. Heute scheint sich die Entfremdung der jüngeren Generation von Stadtbewohnern von der Natur noch verstärkt zu haben. Die Stadtkinder meiner Generation der heute Fünfzigjährigen besuchten doch oft ihre Bekannten und Verwandten auf dem Land und hatten so Kontakt zu den Tieren dort. Wir jagten die Truthähne, die sich uns entgegenstellten und angriffslustig waren, über den Hof, obwohl wir von den Erwachsenen hörten, dass wir sie nicht quälen sollten. Wir durften nach Hühnereiern suchen und durften die noch warmen Eier mit nach Hause nehmen. Wir spielten mit den Katzen und Hunden und kreischten vor Freude, wenn uns danach war. Wir fuhren auf keine Projektwoche, um Nutztiere zu sehen, sondern fuhren zumeist am Ende des Schuljahres mit unserer Klasse über einen Tag aufs Land.

War das aufregend! Wir freuten uns wochenlang im Voraus. Das Ziel unserer kleinen Reise wurde wohl von der Schule, den Lehrern oder von Politikern vorbestimmt. Schwer zu sagen, wer hier die Entscheidungen traf, auf jeden Fall nicht die Schüler. Am Ende der ersten Klasse gab es den obligatorischen Ausflug nach Kumrovec, einem kleinen Ort nordwestlich von Zagreb, wo der von uns allen geliebte Kamerad Tito angeblich geboren worden war. Dieser Ort hatte fast den Charakter eines Wallfahrtsortes, allerdings eines eher kommunistischen als eines christlichen. Die erste Station am Wege des geplanten und präzise gezüchteten Personenkults stellte die Besichtigung von Titos Geburtshauses dar. Wir waren natürlich nicht die einzigen Besucher und es gab immer eine längere Wartezeit, bis wir eintreten durften. Die Besuchszeit war eingeschränkt, damit auch andere Besucher eingelassen werden konnten. Auch wenn wir von den ärmlichen Verhältnissen und der tristen Ausstattung der Räumlichkeiten angemessen beeindruckt und von den Geschichten über Titos Kindheit gebührend mitgerissen worden wären, konnten wir doch nicht lange genug verweilen, um alles tiefer zu empfinden und sich vorstellen zu können. Die Devise war, schnell hinein und schnell heraus! Nach dem Besuch von Titos Haus wurden wir mit den Autobussen zu einer etwas weiter weg liegenden Wiese gekarrt, wo wir die von zu Hause mitgebrachten Sandwichs verzehrten. Danach begann die ersehnte Freizeit, die wir mit Ballspielen und Nachlaufen oder einfach mit Sitzen im Gras verbrachten - alles unter den aufmerksamen Blicken unserer Lehrerin. Ewig konnten wir leider nicht auf unserer Wiese bleiben, da noch eine weitere Station auf uns wartete: Ein Ort, wo es im 16. Jahrhundert ein Bauernaufstand gegen die Ausbeutung durch die herrschenden Gutsherren gegeben hatte, der dann ein grausames Ende fand: Der

Anführer der Bauern und Knechte namens Matija Gubec wurde in Zagreb in aller Öffentlichkeit mit glühenden Zangen und einer glühenden Krone gefoltert, grausam hingerichtet und schließlich gevierteilt. An dem Ort des Aufstandes wächst eine über 400 Jahre alte Linde, genannt „Gupčeva lipa", die einzige Zeugin des Bauernaufstandes von 1573. Die Linde beeindruckte uns ungeheuer, da ihr Stamm einen Umfang von mehr als vier Meter hatte. Die erste kroatische Rockoper „Gubec-Beg" thematisierte diesen Bauernaufstand und seinen Anführer. Bei unserem ersten Schulausflug erhielten wir bereits als Schüler der ersten Klasse einen lehrhaften Rückblick auf Ereignisse einer lange zurückliegenden Vergangenheit sowie auf erst kürzlich Geschehenes, das unser aller Leben direkt beeinflusste. Ich empfand unseren Schulausflug als wunderschön, doch ahnte schon als kleines Volksschulkind, dass wir manipuliert und eigentlich einer Gehirnwäsche unterzogen wurden.

Ich versuchte mich auch an andere Schulausflüge zu erinnern, hatte damit aber meine Schwierigkeiten. Nur meine sogenannte Maturareise, die so hieß, obwohl wir offiziell noch keine Matura abgelegt hatten, ist mir noch in Erinnerung.

Irgendwann, in der dritten Klasse glaube ich, waren wir auf dem Petrova Gora, einem Berg, der im zweiten Weltkrieg eine Rolle spielte. Ich erinnere mich nur daran, dass wir lange, lange durch einen Wald marschierten. Der Waldboden war mit dem Laub des vergangenen Jahres bedeckt und sehr rut-

176

schig. Man zeigte uns da und dort aus dem Erdreich ausgehobene Gruben, die eng und sehr tief waren, sodass gerade ein Mensch in ihnen stehen konnte. Die Gruben waren mit Holzdeckel verschlossen, die mir Erdreich und Blättern getarnt waren. In solchen Gruben, so erzählte man uns, hätten sich oft Mütter mit ihren Kindern versteckt. Um die Kinder am Schreien zu hindern, mussten sie ihnen den Mund mit den Händen zuhalten. Die Menschen der Umgebung und Partisanen, die vor den Deutschen Soldaten flüchteten, hätten sich hier versteckt. Deutsche Soldaten hätten sogar mit Hunden den Wald durchkämmt, aber niemanden entdeckt. Als ich eine meiner damaligen Schulfreundinnen befragte, ob sie sich an unsere Schulausflüge erinnern könne und dabei Petrova Gora erwähnte, meine sie, das sei der schrecklichste Ausflug gewesen und sie hätte noch viele Nächte danach Albträume von diesen schauerlichen Gruben und den damit verbundenen Erzählungen gehabt.

Ein anderes Mal wurden wir nach Podgarić, einem der wichtigsten Zentren des Partisanenkampfes in Kroatien, geführt. Dort befindet sich ein riesengroßes Denkmal, an das ich mich allerdings überhaupt nicht erinnern kann. Vielleicht war der Ansturm mehrerer Schulklassen so groß, dass wir das Denkmal nicht besichtigen konnten.

Osijek und Đakovo waren ebenfalls Reiseziele im Osten unsere Landes gelegen. In Đakovo befindet sich eine bedeutende neuromanische Kathedrale, die sogenannte *Basilica Minor*, deren Bau sich über sechzehn Jahre erstreckte und die aus mehr als sieben Millionen roten Bausteinen besteht. Wir fuhren damals allerdings nur mit dem Bus an der Kathedrale vorbei und konnten nur kurz aus den Busfenstern sehen.

Unsere Maturareise führte uns durch das benachbarte Slowenien, wo wir natürlich die Hauptstadt Ljubljana (Leibach) besichtigten, dann ging es über Bled, wo ich die beste Disco - Night meines Lebens erlebte, nach „Zelena Laguna" (Grüne Lagune), einer Hotelanalge in Poreč auf Istrien. „Zelena Laguna" war einige Kilometer von Poreč entfernt und Poreč blieb damit für uns unerreichbar, außer an einem Nachmittag, an dem wir alle gemeinsam dorthin gebracht wurden. Wir blieben in „Zelena Laguna" zwei oder drei Tage und verbrachten die Zeit dort mit Baden und Schwimmen im Meer, was für unseren Klassenvorstand, der ja die Verantwortung für uns hatte, sicher nicht einfach war, vor allem, weil einige Schüler nicht schwimmen konnten. Wir hatten dort eine großartige Zeit. Jeden Abend bis spät in die Nacht hinein veranstalteten wir in unseren Zimmern private Partys. Aufregend! Unser sonst so strenger Klassenvorstand erwies sich in diesen Tagen als sehr liberal, sie wollte nur keine Alkoholleichen und ließ uns sonst in Ruhe.

Am Ende unserer Gymnasialzeit hatte meine Klasse die Wahl, entweder an einem Tagesausflug, wie er in den vergangenen Schuljahren üblich war, teilzunehmen oder aber eine zweitägige Reise nach Belgrad mit einem verpflichtenden Besuch von Titos

Grab zu unternehmen. Damals war Tito bereits seit vier Jahren tot. In diesen vier Jahren besichtigten fast alle Angestellten und Schüler des damaligen Staates mehr oder weniger freiwillig sein Grab. Diese Verpflichtung war allerdings an meiner Schule und meiner Klasse irgendwie vorbeigegangen. Wir hatten die Wahl zwischen einem eintägigen und einem zweitägigen Ausflug. Uns ging es nur um die Anzahl der Tage, nicht das Reiseziel. Wir entschieden uns für die zweitägige Reise, da wir uns gut verstanden, einander gern hatten und so viel Zeit als möglich miteinander verbringen wollten. Wir wussten auch, dass wir nicht einen ganzen Tag am Grab Titos verbringen würden. Vier Jahre nach seinem Tod waren die Besucherschlangen ja naturgemäß um vieles kürzer geworden, als es anfangs noch der Fall war. Sechs Jahre später fing der Krieg an.

Titos Grab befindet sich in dem sogenannten „Haus der Blumen". Im Inneren herrschte die Farbe Weiß vor, es war totenstill und sehr kalt. Ich wagte kaum zu atmen und wünschte mir nur, dass all das vorbei und ich wieder draußen wäre. Wir bewegten uns lautlos wie Schatten an der bewaffneten Ehrengarde vorbei. Die Soldaten in ihren hellblauen Uniformen bewegten sich nicht, ihr Blicke waren in die Ferne gerichtet, sie schienen nicht zu blinzeln und wirkten wie Marmorstatuen. Alle 15 Minuten wurden sie von einer neuen Truppe abgelöst. Ihre starren Blicke sind mir bis heute in Erinnerung geblieben. Als wir ein halbes Jahr später auf unserer Maturareise in Moskau das Mausoleum Lenins auf dem Roten Platz besuchten und sahen, dass die Wachsoldaten nicht nur blinzelten, sondern ihr Gewicht auch von einem Fuß auf den anderen verlagerten, die Köpfe bewegten, um die Muskeln zu entspannen, manche sogar etwas im Mund hatten und kauten, wurde mir klar, welche Disziplin doch bei uns herrschte. Wahrscheinlich macht es doch einen Unterschied, ob der große Parteiführer erst seit vier Jahren oder bereits seit sechzig Jahren tot war. Lenin wurde einbalsamiert und war in einer Glasvitrine ausgestellt, Tito wurde in einem weißen Marmorgrab beigesetzt. Mit der Beisetzung Lenins begann sich ein jahrzehntelanger Kult zu entwickeln. Tito dagegen kultivierte bereits im Laufe seines Lebens die Verherrlichung seiner Person sehr sorgfältig. Er ist bis heute eine umstrittene Persönlichkeit geblieben. Für die einen ist er ein Held, für die anderen ein Diktator und ein Mörder.

Im „Haus der Blumen" gab es zur Zeit meines Besuches dort frische Schnittblumen. Mich würde es nicht wundern, wenn heute auf Grund der politischen Entwicklung in dem Land, das es nicht mehr gibt und das jetzt Serbien heißt, im „Haus der Blumen" nur mehr Plastikblumen herumliegen würden. Außer vielleicht, wenn die Chinesen diesen Ort als neuen Wallfahrtsort entdeckten und nach Belgrad pilgerten, so wie sie in den letzten Jahren Kumrovec für sich entdeckt haben und regelmäßig besichtigen. Es mag sein, dass es für sie leichter ist, ein Ausreisevisum zu erhalten, wenn sie einen für den Kommunismus so wichtigen Ort wie Titos Geburtshaus oder sein Grab als Grund ihrer Reise angeben. Die Menschen sind schon immer kreativ und erfindungsreich gewesen und kein Staat der Welt kann sie daran hindern, Auswege aus schwierigen Situationen zu finden.

Schulfreie Tage

Mirela, Oktober 2019

Ab dem 15. Februar hatten wir zwei Wochen Winterferien und unsere Sommerferien dauerten meist von 15. Juni bis zum 10. September.

Der 29. November, der Tag der Republik, war ein Feiertag und auch der folgende Tag war frei. Der 1. und 2. Jänner war frei und ebenso der 1. und der 2. Mai sowie der 27. Juli, an dem an den Aufstand in Kroatien erinnert wurde. Fiel einer der Feiertage auf ein Wochenende, wurde er auf den nächsten Wochentag verschoben, sodass kein Feiertag „verloren" ging und die freien Tage etwas ausgedehnt wurden. Die Ukrainer und Russen machen es noch immer so.

Mein Viertel

Mirela, Dezember 2019

Ich wuchs in meinem Wohnviertel auf, ging hier in die Schule und verbrachte die ersten dreißig Jahre hier. Natürlich hatte ich auch in anderen Stadtteilen zu tun, so befand sich mein Gymnasium am anderen Ende der Stadt, während meine Universität im Zentrum von Zagreb gelegen war. Meine Englisch- und - Französischkurse fanden ebenfalls im Zentrum statt und meine Freunde, die ich oft besuchte, waren über die ganze Stadt verstreut. Doch ein wesentlicher Teil meines Lebens spielte sich in meinem Viertel ab. Höchstwahrscheinlich eine unvorstellbare Situation für z.B. einen durchschnittlichen Amerikaner, der immer wieder seinen Lebensmittelpunkt an einen anderen Ort verschiebt.

Meine ersten Erinnerungen sind die an unsere Wohnung im dritten Stock eines achtstöckigen Gebäudes. Vielleicht soll ich noch einen Schritt zurückgehen und erklären, dass meine Großeltern mütterlicherseits, die ich nie kennenlernte, ca. 200 m entfernt von unserer Wohnung ein Haus hatten, in dem meine Mutter aufgewachsen war. Dieses Familienhaus war im südwestlichen Teil von Zagreb gelegen und ungefähr 900 m vom nördlichen Ufer des Flusses Sava entfernt. Im Jahr 1964 gab es eine große Überschwemmung und kurz danach beschloss die Regierung, die kleinen Familienhäuser abzureißen und mit dem Bau einer modernen Siedlung zu beginnen.

Gleichzeitig bedeutete das auch die Migration von Einheimischen, weil sie in den eigenen Häusern nicht bleiben konnten und die neuen noch nicht da waren. Alles ging ziemlich schnell und innerhalb von ein - zwei Jahren standen dort, wo früher Gärten und Einfamilienhäuser gestanden waren, Monsterbauten mit acht und zwölf Stockwerken. Das Haus meiner Mutter war eines der ersten das verschwand. Bis heute gibt es noch Gerüchte, dass der Damm an der Sava absichtlich gesprengt wurde (und davor nicht regelmäßig gewartet worden war), um eine Überschwemmung zu provozieren und den Kommunisten einen guten Grund und eine Ausrede zu liefern, die Bewohner des Viertels umzusiedeln. Ob dieses Gerücht der Wahrheit entspricht, kann ich nicht sagen, aber ich hörte davon auch von Menschen außerhalb meiner Familie, die als ganz normal und keineswegs als paranoid eingestuft werden können. Vielleicht stimmt die Geschichte zum Teil insofern, als der Damm absichtlich gesprengt wurde, um größeren Schaden zu vermeiden und das Stadtzentrum zu schützen - sozusagen als das kleinere Übel. Diese offene Frage wird wahrscheinlich für immer unbeantwortet bleiben.

Ich wurde ein halbes Jahr nach der Überschwemmung geboren, was eigentlich bedeutet, dass ich das Hochwasser, die Angst, den Stress und die damit verbundene Arbeit, die nachträglich folgte, im Bauch meiner Mutter miterlebte. Ihr Vater (meine Großmutter war zu dieser Zeit seit fünf Monaten tot) und meine Mutter dachten wie viele andere Menschen auch, dass der Damm sie vor den Fluten beschützen würde. Es gab auch keine offizielle Meldung der Gefahr. Wie mir erzählt wurde, ging alles blitzschnell, innerhalb einer Stunde stand das Wasser bereits bis zu den Fensterbrettern des Hauses. Meine Mutter mit mir im Bauch und mein Großvater kletterten auf den Dachboden und hofften, dass sich die Lage nicht verschlechtern würde, doch sie tat es. Eine Stunde später stand das Haus bereits zu Zweidrittel unter Wasser. Die beiden waren inzwischen auf das Dach geklettert und wurden von dort von einem Nachbarn mit dem Boot abgeholt und in Sicherheit gebracht. Ein Drittel Zagrebs stand damals 1964 unter Wasser, der Pegelstand erreichte 512 cm. Die Einrichtung des Hauses wurde entweder komplett zerstört oder doch sehr beschädigt. Meine Eltern verloren unter anderem alle Erinnerungsfotos.

Als die Sava vor einigen Jahren wiederum sehr anschwoll, ging ich am Ufer spazieren, um das Hochwasser aus der Nähe zu sehen. Die Autos fuhren wie immer über die Brücke, die die beiden Ufer verbindet. Üblicherweise gehe ich unter der Brücke den Fluss entlang spazieren. Nur diesmal war das nicht möglich, denn der Abstand zwischen dem unteren Rand der Brücke und dem Niveau des Wassers war buchstäblich nicht mehr größer als zwanzig oder dreißig Zentimeter. Der reißende Fluss war sandfarben und trübe von all dem Schlamm, den er mit sich führte. Die Bäume, die am Ufer wuchsen, bogen sich unter den Wassermassen. Es sah gespenstisch und furchterregend aus.

Ein Jahr nach der großen Überschwemmung starb auch mein Großvater. Ich war gerade acht Monate alt. Knapp danach wurde das Haus meines Großvaters niedergerissen. Das waren viele Schicksalsschläge für meine Mutter innerhalb von nur zwei Jahren… Aber ich hatte noch die Großeltern väterlicherseits, mit welchen ich aufwuchs und mit welchen meine Eltern als jungverheiratetes Paar lebten. Wieder in einem Einfamilienhaus nur 200 Meter entfernt von jenem, in dem meine Mutter ihre Kindheit und Jugend verbracht hatte. Danach übersiedelten wir in die bereits erwähnte Wohnung. Die beiden Häuser und das Haus in dem Wohnblock, in das wir übersiedelt waren, bildeten die drei Spitzen eines Dreiecks, dessen Seiten ca. 200 bis 300 m lang waren, das war also die Entfernung unseres Umzuges.

Am Beginn meiner Schulzeit ging ich immer vom Haus meiner Großeltern los, obwohl ich dort nicht wohnte und übernachtete, sondern nur meine Vormittage verbrachte. Der Weg zur Schule war kurz. Er dauerte nur 5 Minuten zu Fuß. In den ersten Schulwochen am Beginn der ersten Klasse begleitete mich mein Großvater zur Schule. Wir gingen die Gasse entlang, in der meine Großeltern auf Nummer 20 wohnten. Sie war nicht asphaltiert und wenn es regnete, gab es Lachen und man konnte sehr schnell mit Matsch bespritzt werden. Ich liebte es, zwischen den Lachen „Slalom zu fahren", d.h. zwischen ihnen hin und her zu springen. Ich hatte das besondere Talent, mich selbst beim Gehen von hinten zu bespritzen. Dieses Talent habe ich bis heute beibehalten und wie ausgeprägt es sich jeweils zeigt, ist von den Schuhen abhängig, die ich gerade trage.

In unserer Gasse gab es kaum nennenswerten Verkehr, da nur drei oder vier Familien überhaupt ein Auto besaßen. Zum Teil waren die Nachbarn sowie meine Großeltern ältere Menschen in ihren Sechzigern. Da fällt mir ein, dass auch mich nicht mehr allzu viele Jahre von meinen Sechzigern trennen, ich mich aber keineswegs alt fühle, während ich damals meine Großeltern als ältere Menschen ansah. Wie man sieht, verändert sich mit dem Alter die Sichtweise und der Blick auf die Welt sehr stark.

Auf beiden Seiten unserer Gasse standen eher kleinere Häuser, oft ohne Verputz, mit Gärten. Ich spreche von „unserer" Gasse, weil ich das Haus meiner Großeltern und die Gasse, in der es stand, als mein Haus und meine Gasse empfand, obwohl ich dort zwar viel Zeit verbrachte, aber doch nicht wohnte. Es war mein Haus im emotionalen Sinn, nicht im Sinne eines materiellen Besitzes, ich gehörte einfach dorthin. In unserem Garten also wuchsen mehrere Zwetschgenbäume und ein Birnbaum. Mein Großvater schimpfte oft über den Birnbaum, da dessen Ertrag nicht besonders groß war, während die Zwetschgenbäume immer voller Früchte waren. Im Herbst wurden aus den Zwetschgen Schnaps gebrannt, etwas was man heute nicht mehr ohne Anmeldung und Erlaubnis der Behörde machen darf. Da stellt sich doch die Frage, ob unser aller Leben durch all die behördlichen Maßnahmen besser geworden ist, ob wir dadurch gesünder leben. Auf jeden Fall ist es nicht einfacher, sondern viel eingeschränkter, unfreier, und von Bewilligungen administrativ eingeengt worden. Meine Großmutter hatte auch einen Hühnerstall, in dem drei Hühner hausten. An die braune und die weiße Henne kann ich mich noch gut erinnern. Hin und wieder durfte ich die gelegten Eier aus dem Hühnerstall holen. Das machte ich allerdings nicht besonders gerne, außer die Hennen saßen am anderen Ende des Stalls, da ich Angst hatte sie würden mich picken.

Meine Großmutter ließ die Hühner nur selten im Garten herumspazieren, da sie zu viel Schmutz hinterließen und außerdem ihren Salat vernichteten. Einige der Nachbarn hielten auch Schweine. Auch meine Großeltern, so wurde mir berichtet, hatten Schweine gehalten, allerdings lange bevor ich auf die Welt kam. Außerdem gab es noch eine Garage für das Auto meines Vaters und einen Keller, in dem zwei Palmen in Töpfen überwinterten.

Unser Zaun war aus grauen Holzlatten. Auf meinem Weg in die Schule blieb ich immer fasziniert vor einem Nachbarhaus stehen und bewunderte dessen kunstvollen Metallzaun. Der Zaun hatte die Form eines Netzes und war knallgelb bemalt mit einem etwas dickeren Rand, der grün gefärbt war. Nicht nur dieser Zaun, auch der Nachbar war faszinierend, ein älterer Herr mit vielen goldenen Zähnen, die man sehen konnte, wenn er sprach. Ich grüßte immer brav, er grüßte zurück und schenkte mir ein goldenes Lächeln. Das war immer die erste Station auf meinem Weg zur Schule.

Zwei Häuser weiter auf der gleichen Seite der Gasse wohnte meine Freundin Dolores, ein Mädchen, das zwei Jahre älter war als ich und bereits eine erfahrene Schülerin war. Wir spielten manchmal miteinander. Auf meinem Weg zur Schule versuchte ich immer zu sehen, ob sie zu Hause war. Meistens war sie es nicht, da die Drittklässler eine Woche am Vormittag, die andere Woche am Nachmittag Unterricht hatten, während für uns aus der ersten Klasse der Unterricht um 11.30 Uhr begann und um ca. 15 Uhr endete. Dort wo unsere Gasse endete, gab es eine kleine mit Gras bewachsene Fläche, danach eine quer laufende asphaltierte Straße und dort gegenüber war bereits meine Schule. Mit der Zeit entstanden dort in der Gegend immer mehr Wohnblocks, die zu einer Siedlung wurden. Tausende von fremden Menschen zogen ein und irgendwann einmal gab es auch unser Haus nicht mehr, sondern eine Wohnung im vierten Stock ohne Lift für meine Großeltern. Auch meine Eltern, meine Schwester und ich übersiedelten in eine neue Wohnung im dritten Stock direkt unterhalb der Wohnung meiner Großeltern. Aus dem ehemaligen Dreieck, geformt aus den von der Familie bewohnten Häusern und Wohnungen, war nun ein Viereck geworden, dessen längere Seite ca. 250 m (der Entfernung zu unserer ehemaligen Wohnung) und dessen kürzere Seite ca. 150m (der Entfernung zum Haus meiner Großeltern) betrug. Zwei Spitzen des Vierecks verschwanden, da die beiden Häuser ebenfalls verschwanden, und es bildete sich eine vertikale Achse zwischen den beiden Wohnungen, die mit

Kinder-Telefonen miteinander verbunden waren. Diese waren aus Plastik und mit Batterien betrieben und sahen wie echte Telefone aus. Die beiden Apparate standen in den Küchen, der eine bei meinen Großeltern auf einem Stuhl neben dem Fenster, der andere in unserer Küche auf einem Kästchen. Das Kabel führte durch das Küchenfenster hinaus und dann die Fassade entlang zur Wohnung meiner Großeltern. Als einen kleinen Schritt in die quasi-moderne Welt besaßen meine Großeltern damals ein sogenanntes „halbes" Telefon, das sie sich mit einem Nachbar teilten. In unserer ehemaligen Wohnung hatten wir ein „ganzes" Telefon, in der neuen keines. Es dauerte mehr als 10 Jahre, um wieder ein Telefon zu erhalten. Aber dafür gab es ja eine Telefonzelle am Eck unseres ehemaligen Wohnhauses. Ich stand sehr oft in einer Warteschlange vor der Telefonzelle, um endlich an die Reihe zu kommen. Es gab insgesamt vier Telefonzellen in unserer Siedlung und etwa zwei tausend Wohnungen ohne Telefon. Was für ein Unterschied zu der heutigen fast paradiesischen Situation des Telefonierens!

Mit den neuen Häusern kamen auch neue Kinder in meine Klasse. Meine Freundinnen und ich, die wir ja relativ nahe beieinander wohnten, gingen gemeinsam in die Schule. Ich beobachtete den Ausgang des zehnstöckigen Gebäudes, in dem meine Freundin Željka wohnte, und wenn ich sie herauskommen sah, lief ich die Treppen hinunter, um sie zu treffen. Gemeinsam gingen wir dann bis zum Eck meines Häuserblocks, wo bereits Sandra, die dritte Freundin, auf uns wartete. Dann ging es gemeinsam in die Schule. Der Heimweg dauerte dann meist wesentlich länger, da wir an der Ecke stehen blieben und oft über eine Stunde miteinander redeten. Wir hatten immer mehr als genug zu besprechen. Das war unser tägliches Ritual bis Željka zu ihrer Mutter übersiedelte und unsere Klasse, die Schule und unser Viertel verließ. Ihre Eltern waren geschieden und die zweite Frau ihres Vaters, bei dem sie lebte, bekam ein Kind, sodass die Wohnung zu eng wurde. Das war meine erste Begegnung mit dem Begriff Scheidung. Ich war damals 12 Jahre alt und wusste nicht, dass es so etwas wie eine Scheidung gibt.

Željka war in der dritten Klasse zu uns gekommen und verließ uns in der fünften, sie verschwand einfach von einem Tag auf den anderen ohne Abschied und ohne Gruß. Das schmerzte und verursachte Tränen. Ich verlor meine erste enge Freundin. Abgesehen davon war unsere Klasse stabil, es ging kaum jemand weg. In der dritten Klasse, als der Bau von zwei der vier geplanten Hochhäuser abgeschlossen war, kamen viele neue Schüler dazu. Wenn ich mich recht erinnere, waren es sieben Neuankömmlinge, somit wuchs die Anzahl der Schüler unserer Klasse auf 35 oder 36.

In der dritten Klasse verlor ich außerdem einen Freund aus meiner Klasse, der mit seinen Eltern auf das Land übersiedelte. Wir beide saßen nebeneinander und galten als „Streber". Es gab zwischen uns beiden immer eine gewisse Konkurrenz, vor allem in Mathematik - da war er immer um eine Spur besser. Dafür war ich besser in Kroatisch und in Naturkunde. Er war insofern geizig, als er niemandem erlaubte, in seine Hefte zu schauen, geschweige denn seine Hausaufgaben abzuschreiben. Er saß in den Pausen auf seinen Heften, um zu verhindern, dass sie jemand ansah oder gar in die Hand nahm. Er war also ein richtiger Egoist, ein Einzelkind, das nie gelernte hatte etwas zu teilen. Ich hatte keinen Bedarf von ihm abzuschreiben, aber es gab genug Bedürftige. Ich vermisste ihn sehr nach seinem Abschied, doch das war nichts im Vergleich mit dem Verlust und der damit verbundenen Leere, die ich nach dem Verschwinden von Željka empfand. Lustigerweise war sein Name übrigens Željko. Wir verloren uns gänzlich aus den Augen. Doch 40 Jahre später meldete sich Željko via Facebook. Er stieß auf meinen Namen und wollte wissen, ob es sich um mich handelte. Seine Check-Frage knüpfte an die Gedanken und Stimmungen unserer Kinderzeit an. Für mich ist es immer wieder erstaunlich, dass Menschen, die sich lange Zeit nicht getroffen haben beim Wiedersehen fast automatisch in die alten Verhaltensmuster und Denkweisen zurückfallen, ohne sich dessen bewusst zu sein. Es scheint so, als müsste man nur auf einen bestimmten Knopf drücken, um das alte Programm wieder zu aktivieren.

Mein Viertel veränderte sich sehr schnell und abrupt in meiner Kinderzeit. Heute gibt es leider noch mehr Bauten in der Siedlung als damals. Dank der Nähe zu fünf Straßenbahnlinien, die einen in einer halben Stunde ins Stadtzentrum bringen, einer guten Infrastruktur mit Schulen, Kindergärten, Ambulanzen, einem Markt und einem Sportzentrum mit einem Schwimmbad, kleinen Parks und einigen Grünflächen, wird das Viertel jetzt als relativ attraktiv angesehen. Zu Fuß erreicht man den Fluss in 10 bis 15 Minuten. Am Ufer eines kleinen Sees ganz in der Nähe gibt es viele kleine Kaffeehäuser, die zum Verweilen einladen. Lange Spaziergänge in der Sonne locken. Eine Runde um den See ist in genau 10000 Schritten (oder ca. 5 km) zu bewältigen, die empfohlene Strecke, die man täglich gehen sollte, um gesund zu bleiben, nach einer mittlerweile 10 Jahre alten Theorie, an die ich fest glaube und nach der ich mein Leben eingerichtet habe.

Astrid, Dezember 2019

Danke liebe Mirela für die beschreibenden Worte zu deiner Familien-und Wohnsituation deiner Kindertage. Ich krame in meinem Gedächtnis, was mir geblieben ist.

Spontan ist mir eingefallen, was wir als Kinder oft auf dem Gehweg spielten, vor dem Block mit etwa 8 Aufgängen, in dem ich wohnte. Ich könnte zwar heute noch nachschauen, wie viele es wirklich sind, der Block ist noch nicht dem Abriss und der Neukonstruktion der Wohnviertel anheimgefallen, sondern eher schön restauriert, doch ich glaube, dass ist weniger wichtig. Wir sind dort 1970 hingezogen in die neu erbaute Wohnblocksiedlung. Es gab für meine Eltern das erste Mal Fernwärmeheizung, warmes Wasser aus der Wand. Viele der Nachbarn hatten Kinder im Alter ihrer Kinder.

Schwedt, ab dieser Zeit meine Wohnort, baute das Petrolchemische Kombinat und schaffte Wohnungen für die Arbeiter der Raffinerie und anderer kleinerer Industriebetriebe. In jedem Wohnviertel gab es Schulen, Kindergärten und -krippen, Spielplätze, Kaufhallen für Lebensmittel, eine Poststelle und eine Polizeiwache. Ich glaube, es war für die meisten dort lebenden Familien ein angenehmes Leben. Die Eltern entflohen oft Kleinstädten oder Dörfern mit der Plackerei des Kohlenschippens im Winter, viele Kinder bekamen ein eigenes Zimmer. Jedenfalls gab es einige einfache und gleichfalls mir in guter Erinnerung gebliebene Spiele und Beschäftigungen für uns Kinder an der frischen Luft. Gummihopse war ein lustiger Zeitvertreib, es gab richtige kleine Wettkämpfe, es gab Konkurrenz und Rivalitäten, wer mit wem bei Paarhopse zusammen hüpfte und wer es am längsten schaffte, keine Fehler zu machen. Ein weißes Gummiband, welches auch in den Unterhosen zur Taillienregulation verarbeitet war, diente als Sportgerät. Zwei sich gegenüberstehende Kinder wickelten sich das Gummiband um die Beine, die beiden oder derjenige, der mit Hüpfen an der Reihe war, hüpfte in den Gummiabstand hinein oder machte mit den Füßen auf den Gummisträngen stehend verschieden Figuren, ohne daneben zu hüpfen. Die Höhe, in der die Gummis um die Beine der beiden nicht springenden Kinder gewickelt war, reichte von den Fußgelenken bis zum Po, je nachdem wie geschickt und sportlich der Hüpfer sich anstellte. Und Ähnliches gab es mit einem Gummiband, welches von einem Kind zwischen beiden Händen gehalten und vom Nächsten mit verschiedenen Figuren abgenommen wurde. Wer am Geschicktesten war und es verstand den Gummi oder den Bindfaden auf immer neue Weise abzunehmen, gewann. Du wirst es vielleicht auch kennen, doch ich beschreibe diese simplen Kinderspiele etwas ausführlicher, denn unsere heutige jüngere Generation zwischen 10 und 30 hat vielleicht noch nie davon gehört.

Das ist kein wirkliches Spiel, doch meine Freundinnen und ich liebten es einige Jahre, die jüngeren Kinder des Aufganges oder auch des Nachbaraufganges, je nachdem, ob die Familien sich einigermaßen kannten, im Kinderwagen spazieren zu fahren. Das war sozusagen, das Puppenmutterspielen mit lebenden Puppen. Wir waren vielleicht 3./4. Klasse und die Mütter vertrauten uns ihre Babys/ Kleinkinder an, sie in der näheren Umgebung durch das WK 6 (Wohnkomplex) zu schieben. Keine Ahnung, kommt heutzutage noch ein Kind dieses Alters auf eine solche Idee und gibt es eine Mutter, die ihr Kind einer 11/12-Jährigen für ein/zwei Stunden überlassen würde? In dem Zusammenhang möchte ich noch hinzufügen, dass in den 70-ger/80-ger Jahren, die Kinderwagen mit den schlafenden Babys eine lange Reihe vor den Kaufhallen oder Geschäften bildeten. Die Mütter waren sich sicher, ihren Einkauf in Ruhe zu tätigen und anschließend mit dem Baby, welches vor der Halle ruhig schlummerte (meistens schlummerte), nach Hause zu schieben. Schlummerte es nicht, gab es oft eine helfende Hand eines vorübergehenden Passanten, der einige Minu-

ten den Kinderwagen schaukelte und hoffte, so das
Kind wieder zu beruhigen. Es gab auch in ganz sel-
tenen Fällen Nachrichten, dass ein Kinderwagen vor
der Kaufhalle   sozusagen entführt worden ist. Doch
es war wirklich selten, dann hieß es, eine Frau kann
kein Kind bekommen und hat sich eins unberechtig-
ter Weise genommen, doch das habe ich zum Glück
nur aus Erzählungen gehört und nie in meiner Nähe
erlebt.

Den Wasserschlauch im Sommer an den Außen-
wasserhahn angesteckt und schon gab es Wasser-
schlachten zwischen uns Kindern in heißen Sommertagen vor der Haustür. Da brauchten wir kein
teures Spielzeug, keine Technik, es machte so viel
Spaß und wir genossen einfach das miteinander
Rumtoben. Zwei Schulfreundinnen wohnten im
gleichen Aufgang, ein „Klassenkamerad" im Nach-
baraufgang, 3 weitere Mädchen im Block und die
anderen aus meiner Klasse wohnten im nahen Umfeld. Wir spielten oft nach der Schule bis unsere Eltern nach Hause kamen in Hausnähe, im Hausauf-
gang oder hinter dem Haus Fangen und Verstecken.
Eine Narbe am Handgelenk ist mir noch von einem
Nachmittag bis heute geblieben. Es gab draußen
gleich neben der Haustür an der Hauswand eine
Stelle, die zum Freischlagen bestimmt war. Der Su-
cher war nach seinem Spruch :"Eins, zwei drei, vier
Eckstein, alles muss versteckt sein… ich komme" gerade in anderer Richtung unterwegs, ich schoss aus
meinem Versteck, wollte von innen durch die Haustür und mit der Hand die Hauswand berühren, um
frei zu sein. Doch die Tür war nur einen Spalt von

vielleicht 30 Zentimetern auf, ich war zu wild, schaffte es nicht durch den Spalt zu schlüpfen und meine rechte Hand sprengte die Glasscheibe des rechten feststehenden Türflügels. Die Scheibe zersprang mit lautem Klirren in tausend Stücke, das Blut schoss in Strömen aus meinem Arm. Ich lief wie kopflos umher, weinte, wusste nicht, was tun? Da kam zum Glück unser Nachbar von der Arbeit nach Hause. Er sah sofort das Malheur, zog sein großes Stofftaschentuch (eins von denjenigen, die fast völlig von der Bildfläche verschwunden sind und von Tempo und Co abgelöst wurden) aus der Hosentasche, wickelte es um mein Handgelenk, setzte mich in sein Auto. Nicht selbstverständlich! Unser Nachbar zum Glück in Besitz eines Autos, fuhr mich zur Notaufnahme ins Krankenhaus. Dort wurde die Wunde am Handgelenk genäht, die nur knapp die Pulsader verfehlt hatte. Ja passieren kann immer etwas damals und auch heute.

Es gab auch ganz in der Nähe einen Spielpark mit einem kleinen Rodelberg. Im Herbst war er geeignet, um Drachen steigen zu lassen, im Winter rodelten gefühlte 200-300 Kinder dort mit den Schlitten und hatten ihren Spaß und manchmal flossen auch Tränen. Ab und an gab es Böswilligkeiten zwischen größeren und kleineren Rodlern, Rangpositionen wurden ausgefochten und verteidigt. Doch ich habe die Tage in weiß auf dem Berg in guter Erinnerung. Außerdem ging ich wohl auch immer mit Freunden und in der Klicke waren wir stark.

Erstaunlich, was du da erzählst. Du bist also mit deinen Eltern 1970 in eine Wohnblocksiedlung eingezogen und wir sind nur ein Jahr später, 1971, ebenfalls in eine vergleichbare Wohnung eines solchen Blocks gezogen, der allerdings mit nur vier Eingängen und vier Stockwerken wesentlich kleiner war. Meine Großeltern machten zum ersten Mal die Erfahrung einer Heizung mit Fernwärme statt dem Anheizen eines Holz- oder Ölofens und Warmwasser, das ohne eigenes Zutun aus dem Hahn fließt.

Sportgerät nennst du die Gummihopse - süß! Auch ich kenne es sehr gut. Wir veranstalteten damit kleine Wettkämpfe und ich muss gestehen, dass ich anfangs nicht besonders gut spielte, doch mit viel Übung und verbissenem Ehrgeiz wurde ich wirklich zu einem exzellenten Spieler und hatte guten Grund, sehr stolz auf mich zu sein. Ich kenne auch die Gummihopse, die man zwischen den beiden Händen hält, nur verwendeten wir eine Wollschnur und kein Gummiband. Ein anderes, sehr beliebtes Spiel war ein Ballspiel, bei dem sich zwei Teams in zwei durch eine Mittellinie getrennten Spielfeldern gegenüberstanden. Einer der Spieler stand an der Außengrenze und hatte die Aufgabe, eines der Kinder des gegnerischen Teams mit dem Ball zu treffen. Der Gegner konnte nun im Bereich seines Feldes fliehen oder aber den Ball fangen. Gelang ihm dies, so warf er den Ball dem Spieler an der Außengrenze zu und das Spiel setzte sich auf dieselbe Weise fort. Wurde aber ein Kind vom Ball getroffen, so verlor es eines seiner drei Leben, hatte es alle drei Leben verloren, musste es das Spielfeld verlassen. Die im Feld Verbliebenen stellten die Gewinnermannschaft dar. Man ging mit dem Ball keineswegs schonend um und zielte mit ganzer Kraft dorthin, wo man sicher war, dass der Gegner ihn nicht fangen konnte. So traf mich ein Ball einmal an der Spitze meines kleinen Fingers, der innerhalb von Sekunden anschwoll. Ich fing den Ball trotzdem und ließ ihn nicht los. Da später starke Schmerzen einsetzten, brachte mich mein Vater auf die Notaufnahme ins Spital, wo ich geröntgt wurde. Zum Glück war nichts gebrochen. Für einige Wochen blieb mein kleiner Finger der dickste an meiner Hand.

Im Sommer spielten wir solange draußen, bis es dunkel wurde und meine Mutter uns aus dem Fenster zurief, dass wir nicht vergessen sollten, nach Hause zu kommen. Praktisch war es für unsere Eltern, dass sie uns beim Spiel zusehen konnten.

In der Gegend, in der ich jetzt wohne, spielen die Kinder nicht im Hof oder auf der Straße. Dafür gibt es hier Spielplätze, Sportplätze, Horte und andere Institutionen, in welchen Kinder „aufbewahrt" werden. Einfach zu spielen und Kind sein zu dürfen, das gibt es kaum mehr. So wie alles andere muss auch das Spiel institutionalisiert werden. Den Kindern von den Fenstern aus zuzurufen, ist wahrscheinlich nur mehr in Dörfern üblich. Bei uns an er Küste ist diese Gewohnheit noch immer lebendig, die Mütter schreien hier nach ihren Kindern, vor allem ihren Söhnen, dass es wahrscheinlich noch einen halben Kilometer weit zu hören ist.

Wir spielten oft Fangen und Verstecken in all den Winkeln und abgelegenen Räumen des Hauses, auch hinter dem Haus und zwischen geparkten Autos.

Ich hatte, Gott sei gedankt, keine so blutigen Erlebnisse wie du sie mit der Fensterscheibe hattest. Nur meine Knie waren ein paar Mal aufgeschunden und blutig, bevor ich lernte sicher mit den Rollschuhen unterwegs zu sein. Das waren damals noch Rollschuhe mit vier Rädern, in die man mit den Schuhen hineinschlüpfte. Sie hatten vorne eine Kappe und hinten eine geschlossene Ferse und wurden mit Schnüren an den Füssen befestigt. Meine Rollschuhe waren wunderbar rot. Ich war erst vier Jahre alt, als ich sie geschenkt bekam. Ich erinnere mich, dass ich keine Angst hatte, als ich zum ersten Mal auf den Rollschuhen stand. Ich ließ die Hand meiner Mutter los und begann zu fahren, doch der Asphalt war nicht so glatt, wie ich es erwartet hatte und ich war schon auf dem Boden. Meine weißen Strümpfe waren kaputt und meine Knie bluteten. Ich höre mich selbst heute noch laut schreien. Ich kann nicht sagen, ob der Schmerz oder die Angst mein Schreien verursachte..

Nichts darf uns überraschen und die Brücke in das Jetzt

Mirela, April 2020

Liebe Astrid, wir schrieben viel über unsere Kinderwelt und die prägenden Ereignisse und Stationen unseres Lebens oder über diejenigen, an die wir uns einfach gut erinnern konnten. Wir teilten miteinander und mit unseren Lesern manch gut gehütete Geheimnisse und Zufallsentdeckungen. Wir spannten den Bogen unseres sozialistischen Alltags von Reiseerlebnissen über verschiedene Gebräuche und Schulpraktiken bis zur Beschreibung unserer Wohnviertel. Und jetzt, so glaube ich, ist es Zeit, eine Brücke zwischen der Vergangenheit und der Gegenwart zu schlagen, in unsere heutige Welt zurückzukommen und im Hier zu landen. Inwiefern unterscheidet sich unser Heute von der Vergangenheit? Da kommt mir eine jährliche Übung der Siebzigerjahre in der Sozialistischen Republik Kroatien in den Sinn. Wahrscheinlich fanden diese Übungen auch in den anderen Republiken statt, doch ich war bloß Zeugin des Spektakels, das sich in Zagreb abspielte und kann daher nur dieses beschreiben. Die Übung hieß: NNNI - „Nichts darf uns überraschen" (Ništa nas ne smije iznenaditi). Davor war sie wochenlang mit großen Plakaten überall angekündigt worden. Plakate waren überall: An den Eingängen zu den Schulen, den Wohnhäusern, Universitäten, den Kinos und der Theater, den Geschäften, auf den Märkten, den Tankstellen und in den Straßenbahnen, viele waren neben den Straßen aufgestellt. NNNI war, soweit ich mich erinnern kann, eine Übung für eine bestimmte Anzahl von ausgewählten Mitgliedern einer Gemeinde. Die Teilnehmer wurden in zwei Teams aufgeteilt, zumeist standen einander ein rotes und ein blaues Team gegenüber. Die Aufgabe eines Teams war es, einen fiktiven Putsch gegen die sozialistische Regierung auf Gemeindeebene zu verüben, um das Regime zu stürzen, was selbstverständlich nie geschah, weil die Szenarien im Voraus sorgfältig vorbereitet worden waren. Das andere Team musste sein Bestes geben, um eine solche Untat zu verhindern und war, wie geplant, selbstverständlich siegreich. Sinn und Zweck dieser Übungen war, die Organe des Staates inklusive der Armee und des Zivilschutzes usw. für den Schutz vor inneren und äußeren Feinden des Sozialismus in ständiger Handlungs- und Kampfbereitschaft zu halten und zu mobilisieren. Die Devise lautete: „Leben wir so, als ob der Frieden 100 Jahre andauere und bereiten wir uns vor, als ob der Krieg morgen sein würde". Diese Parole bedarf wohl keiner weiteren Erklärung. Meine Eltern schafften es meist, der Übung zu entgehen und nicht teilnehmen zu müssen, außer einem einzigen Mal. Unnötig zu sagen, dass ihre Teilnahme als große Ehre und sie als Auserwählte dargestellt wurden. Wie es sich bereits zeigte, sind Menschen kreative Wesen, die unabhängig vom Druck des Staates oder des politischen Systems, oft Auswege finden, vielleicht nicht immer sofort, sondern erst in Jahrzehnten, wie der Fall der Berliner Mauer als Beweis der Geschichte zeigte. Dieses eine Mal, als mein Vater bei NNNI mitmachen musste, ließ er sich bereits am Anfang der Übung „erschießen" und wurde als „Leiche" weggetragen. Somit war für ihn die Übung zu Ende und er ging heimlich nach Hause. Heimlich, weil er eigentlich auch als „Leiche" das Ende der Übung hätte abwarten müssen. Er ging allerdings davon aus, dass nach sechs oder sieben Stunden dieses Spielchens sich niemand mehr erinnern würde, wie viele „Erschossene" aus dem Kampf ausgeschieden worden waren. Schließlich waren an diesem Tag Dutzende, wenn nicht Hunderte von NNNI-Teams unterwegs. Meine Mutter war sehr überrascht, als sie ihn nur knapp eine Stunde nach Beginn der Übung schon zu Hause vorfand. Wir Kinder dagegen konnten nicht verstehen, warum unser Vater mit einem von roter Farbe verschmiertem Gesicht nach Hause gekommen war. Aber es war schön, ihn früher als gedacht zu sehen. Wir wurden instruiert, dass wir für den Fall, dass Papa gesucht werden sollte, sagen müssten, er sei nicht zu Hause. Wenn ich überlege, so erscheint mir diese Übung eine Abart von Paintball zu sein, einem Spiel, das ich verabscheue.

Wie auch immer, wir könnten den Slogan „nichts darf uns überraschen" so oft wir wollten wiederholen, aber er gibt uns keine Gewissheit, auf der sicheren Seite des Lebens zu sein. Das tägliche Leben spielt hier nicht mit und überrascht uns immer wieder, nicht nur mit Schönem, sondern mit Schicksalsschlägen privater oder gesellschaftlicher Natur wie Klimakatastrophen, Finanzkrisen, Terrorismus und Kriegen und dem daraus resultierendem Chaos und zuletzt mit dem Coronavirus, einem „unsichtbaren" Feind, der die ganze Welt noch längere Zeit im Griff haben wird.

Corona ist ein Schlag ins Gesicht für alle: Sowohl für die Armen als auch für die Reichen. Unser gewohnter Tagesrhythmus, der uns eine gewisse Kontinuität garantierte und uns manchmal langweilig vorkam, wurde praktisch über Nacht aufgehoben, als wir aufgefordert wurden, zu Hause zu bleiben. Die Maskenpflicht und der Lockdown kamen für mich genauso unvorhergesehen wie für alle anderen. Doch ich begann als jemand, der im Ausland lebt, zu hinterfragen, wo mein Zuhause eigentlich ist.

Warteschlangen sind wieder zu einem Teil meines Lebens geworden, wie sie es damals in meiner Kindheit und meiner Jugend, als ich noch „zu Hause" lebte, waren. Noch im Winter 2020 dachte ich nie daran, dass ich bald wieder in einer Warteschlange vor einem Geschäft würde stehen müssen. Dies Zeiten schienen nach fünfundzwanzig Jahren für mich vorbei zu sein. War mein Optimismus und meine Überzeugung, dass die gute Zeit andauern würde, naiv und leichtsinnig? Das Coronavirus hat wieder Warteschlangen aus der Vergangenheit ins Leben gerufen und aktiviert und wir sind gezwungen, wieder den damals erlernten Umgang damit neu zu lernen. Immer wieder tauchte in mir der Gedanke auf, dass sich die alten Zeiten in einer etwas veränderten Form wiederholen. Eine Wiederholung eins zu eins ist sicher nicht möglich, nicht einmal Corona wäre dazu imstande! Aber seit Ende Februar 2020, seit meinem letzten Langlaufurlaub in Südtirol und seit meinem letzten Flug nach Kopenhagen, einer Zeit, zu der das Reisen und das Fliegen einen natürlichen Bestandteil meines Lebens und des Lebens aller Menschen ausmachte, verfolgen mich meine Erinnerungen und zwingen mir den Vergleich mit der Vergangenheit auf. Immer wieder wirft meine kritische innere Stimme die Frage auf, ob die gegenwärtige Situation mit der Gehirnwäsche von damals vergleichbar ist.

Zum Glück gibt es gewisse Unterschiede zu den kommunistisch/sozialistische Zeiten, die meist visuell erkennbar sind, aber die Ähnlichkeiten sind so frappant, dass ich mich manchmal frage, ob die neuen Zeiten nun wie die alten geworden sind, oder aber die alten nie aufgehört haben und ich nur aus einem jahrzehntelangen Traum aufgewacht bin wie Schneewittchen nach dem Kuss des Prinzen. Das Märchen gibt uns keine präzise Auskunft, wie lange Schneewittchen im Sarg schlief. Ihr Schlaf aber konnte kaum Jahrzehnte dauern, da die Zwerge in diesem Fall alle bereits gestorben wären.

Wie das auch immer sein mag, der gravierendste Unterschied zwischen damals und jetzt ist das Design, die modische Ausdrucksform der Pandemie - die Masken, die nun getragen werden sollen oder sogar getragen werden müssen (wobei fehlende

Freiwilligkeit ein Gefühl des Unwohlseins erwecken) verbunden mit Social Distancing - Regeln. Diese neuen Verhaltensregeln sind insofern mit einer zeitlichen Komponente verbunden, als die Bevölkerung immer wieder daran erinnert wird, dass keiner voraussagen kann, wie lange die Krise andauern könnte, was natürlich die allgemeine Unsicherheit noch verstärkt. Geographisch gesehen erfasst Corona die ganze Welt, was dem Kommunismus oder Sozialismus nie gelang. Einziger Lichtblick war am Beginn das Versprechen der Regierungen, dass die Lebensmittelversorgung nicht beeinträchtigt sei.

Ich persönlich finde es sehr interessant zu beobachten und zu vergleichen, wie die „alten" EU-Staaten mit der Seuche umgingen bzw. nicht umgingen und wie sich die „neuen" EU-Staaten organisierten. Zu den neuen zähle ich die zehn Staaten, die 2003 der EU beitraten und Kroatien, das erst 2013 grünes Licht für seinen Beitritt erhielt. Von der eigenen Vergangenheit beeinflusst, um nicht zu sagen verfolgt, „sperrten" die Slowakei, Slowenien, Tschechien, Kroatien und Ungarn die eigene Bevölkerung in ihren Wohnungen ein, stellten den öffentlichen Verkehr ein und erlaubten weder Auslands- noch Inlandsreisen und alle gehorchten. In den ersten Wochen nach dem Ausbruch von Corona war kein Mucks zu hören. Kritik und Rebellion wurden erst hörbar, als die unmittelbare Gefahr vorbei war, was im Sommer 2020 der Fall zu sein schien. Dann wurden Stimmen laut, die von Menschenrechtsverletzungen und Ähnlichem sprachen, die sich allerdings in den vorangegangenen Krisenzeiten nicht hatten hören lassen. Ein interessanter Zugang.

Anders agierten Länder wie Italien und Spanien, die nur Empfehlungen für individuelles Verhalten abgaben, die die Bevölkerung entweder ignorierte oder nur teilweise befolgte. Das Ergebnis waren gesundheitliche Katastrophen und die Berichte von vielen Toten erschütterten die Welt. Man muss allerdings bedenken, dass die „neuen" EU-Länder wesentlich weniger Einwohner haben, zum Teil auch weniger bereist werden und sich der öffentliche Verkehr auf niedrigerem Niveau abspielt, als es z. Bspl. in Italien oder Deutschland der Fall ist. Trotz dieser Unterschiede bleibt die Frage, Empfehlung gegen Befehl, Ignorieren aus Trotz oder Befolgung der Befehle aus Angst, unbeantwortet.

Wir wissen, dass sich die Verbreitung von Corona verlangsamte, nachdem in Italien und Spanien krasse Maßnahmen wie der Einsatz der Polizei und des Heeres auf den Straßen und die Abriegelung ganzer Städte getroffen wurden. Es gab Momente, in welchen ich in Panik geriet und mich die Bilder der Doku-Filme aus den Zwischenkriegszeiten verfolgten. Wiederholt sich die Vergangenheit? Werden wir jeglicher Freiheiten beraubt? Werde ich je meine Familie in Kroatien wiedersehen? Werden sie noch am Leben sein? Werde ich je wieder reisen dürfen? So sah meine emotionale Reaktion auf die sogenannte „neue Normalität" aus. Ich arbeitete wochenlang von zu Hause aus, wie viele andere auch, und ging öfter zu Mittag spazieren. Ich hatte das Glück, dass es im März viele sonnige Tage gab, die mich nach draußen lockten. In dem Park in der Nähe meines Hauses patrouillierten viele Polizisten, die die Menschen mahnten, dieses oder jenes nicht zu tun. Die Einhaltung bizarrer, teils unverständlicher Maßnahmen wurde eingefordert, die für die skurrilen Zeiten, die wir gerade erlebten, Sinn zu machen schienen. Mein Verstand sagte mir, dass all die uns auferlegten neuen Regelungen nur vorübergehende Maßnahmen seien. Trotzdem verfolgten mich meine Emotionen bis in den Schlaf hinein, den ich nicht mit meinem Verstand steuern konnte. So schlief ich schlecht und wachte oft schweißgebadet wieder auf. Als sich dann am 22.März in Zagreb ein starkes Erbeben ereignete und ich Angst um meine Familie haben musste, verschlimmerte sich meine psychische Lage, da nun auch eine konkrete physische Bedrohung dazu kam.

Zusätzlich beschäftigte mich auch die Überlegung, dass die Menschen offensichtlich anstatt Empfehlungen Mahnungen und Drohungen brauchen, um sich unerwünschten, ungewollten und unausweichlichen Gegebenheiten anzupassen. Plötzlich vegetierte jeder in seinem eigenen Käfig, Telefonate häuften sich, das Mitgefühl und Verständnis füreinander wurde intensiver als sonst, die Sorge um den eigenen Magen und die nächste Mahlzeit nahm an Wichtigkeit zu.

Vergleicht man die Versorgung mit Lebensmittel mit jener der kommunistischen Ära, kann man Unterschiede, aber auch Ähnlichkeiten erkennen. An

208

bestimmten Tagen, vor allem am Anfang der Coronakrise, wie die Medien die Situation benannten, waren viele Regale in den Supermärkten leer. Ich konnte meinen Augen nicht trauen. Es gab keine Teigwaren, nur eine Sorte von Tomaten war erhältlich und nicht mehrere wie üblich, das Brot war oft ausverkauft und Toilettenpapier war eine Mangelware. Ich sah Menschen, die panisch ihre Einkaufswagen mit Unmengen von Waren füllten, die sie von den Regalen abräumten und offensichtlich nicht brauchten. Ich kam mir fast lächerlich vor, da ich nur eine zusätzliche Sorte Tee kaufen wollte. Die kaufwütige Atmosphäre meiner Umgebung weckte in mir plötzlich den unwiderstehlichen Drang, meinen Einkaufswagen ebenfalls randvoll zu füllen. Doch womit? Was noch auf den Regalen stand, brauchte ich nicht, wie mir der Rest meines Verstandes sagte, was ich kaufen wollte, gab es nicht mehr. In der Warteschlange zur Kasse stand eine Frau vor mir, deren Tasche bereits voll mit Waren war und die in beiden Händen noch weitere Waren hielt, aber trotzdem verzweifelt versuchte, noch mehr von den Regalen herunterzuholen. Ein Päckchen der Teesorte, die sie offenbar bei mir gesehen hatte, war ihr so wichtig, dass sie es zwischen Brust und Kinn einklemmte, bis es ihr endlich entglitt und zu Boden fiel. Skurril! Ich bot ihr an, Ihre Waren in meinen fast leeren Einkaufswagen zu stellen, was sie vehement ablehnte, so als ob ich ihre Kostbarkeiten stehlen könnte. Immer wieder glitten ihr einzelne Artikel aus den Händen und fielen zu Boden, nach einigen Minuten des Kampfes bat sie mich, doch meinen fast leeren Wagen beladen zu dürfen. Freilich! Doch aufgeregt kontrollierte sie ständig ihre im Wagen befindlichen Gegenstände. Als sie endlich bei der Kasse ankam, schien sie nicht mehr genau zu wissen, was ihr gehörte und was nicht. Einige Artikel nahm sie nicht, weil sie in ihrer Verwirrung glaubte, es seien die meinen, doch ich wollte weder ihren Pudding noch ihre Kekse. Schließlich riet ich ihr, die Waren auf das Laufband zu stellen und nachdem sie endlich bezahlt hatte, warf sie mir einen dankbaren Blick zu, so als hätte ich ihre Leben gerettet. Eine unglaublich angespannte Atmosphäre in diesen ersten Tagen des Lockdowns!

Astrid, Juli 2020

Liebe Mirela.

Wir sind mit deinem letzten Brief an mich im Hier und Jetzt gelandet, in der Corona Pandemie. Jetzt, wo ich mich aufraffe, auch meinen letzten Beitrag zum Buch zu verfassen, ist bis auf Maskenpflicht, Abstand bewahren und Verbot von Großveranstaltungen fast wieder ein Stück Normalität eingetreten, das Reiseverbot in nicht europäische Länder nicht zu vergessen.

Meine Gefühle in der Zeit von Ende Februar bis Anfang/Mitte Juni waren sehr gespalten. Sind es auch heute noch in gewissen Fällen, wenn das Thema auf Corona zu sprechen kommt. Am kommenden Freitag (17.7.20) ist endlich wieder ein Flug auf meine geliebte Insel Sardinien bestätigt.

Für mich waren es nicht die Warteschlangen vor den Supermärkten, die mich an Zeiten meiner Kindheit oder Jugend erinnerten, nicht das „fehlende Toilettenpapier", das in aller Munde war, nicht die Maskenpflicht, die eingeführt wurde, als die kritischste Zeit der Pandemie, meines Erachtens, hinter Deutschland lag . Mich haben die Leute genervt, die „hörig" auf Anweisungen von „Oben, der Regierung" wartend, erst dann in die Natur aufbrachen, Fahrradtouren mit der Familie oder ähnliche Freizeitaktivitäten als wichtig und sinnstiftend ansahen, als es ihnen in den Medien vorgekaut wurde. Ich hielt das strikte Verbot zu verreisen übertrieben, die Kontaktsperren führten zur Verbreitung einer Art Hysterie in meinem sozialen Umfeld, die mich frustrierte. Für mich war es sehr wichtig, in der Familie, im Freundeskreis und unter den Kollegen Gleichgesinnte zu finden, bei denen sich eine ähnliche Abwehr gegen diese Pandemie-Vorschriften in Gesprächen zeigte, denen ebenfalls diese Panikmache zuwider war und die die Folgen der wirtschaftlichen und sozialen Einschränkungen, vielleicht schon als Lahmlegung zu bezeichnen, als drastisch ansehen. Die Gespräche drehten sich fast ausschließlich um Corona, ob ich wollte oder nicht. Es war unbefriedigend. Mein Innerstes sträubte sich gegen das Kontaktverbot und ich traf einige, wenn auch wenige Gleichgesinnte bei mir zu Hause, mit Körperkontakt bei Begrüßung und Verabschiedung. Ich habe mich ganz bewusst widersetzt. Wenn ich Leute traf, die

Angst hatten, die Abstand wollten, habe ich es respektiert, eine Selbstverständlichkeit für mich, doch mied ich diese Menschen auch von mir aus, denn ich wollte auf der anderen Seite diese negativen Gefühle, die mich in ihrer Nähe beschlichen, vermeiden.

Bis auf 2 Wochen Homeoffice war ich tagtäglich in der Firma, nach der Arbeit holte ich das Notwendigste, was in meinem Supermarkt stets vorhanden war und genoss die Zeit nach der Arbeit im Garten. Ich bin eine derjenigen, ich glaube Minderheit in Deutschland, die das große Glück haben, ein Haus mit umgebenden Garten nutzen zu können. In den 3 Monaten der strikten Pandemievorschriften empfand ich es als einen noch größeren Segen, als sonst schon vorher. Es trifft zu, dass mir nach der Arbeit und an den Wochenenden mehr Zeit zur Verfügung stand, um meinen Hobbys Lesen, Klavierspielen, Gartenpflege zu genießen und dennoch fühlte ich diese Mehrzeit nicht, das soziale Leben lief irgendwie auf Sparflamme, alles schien im Dornröschenschlaf zu liegen, selbst die Natur fühlte sich manche Wochen seltsam still, seltsam unlebendig an. In den Nächten war es mucksmäuschenstill, keine Autos zu hören, tagsüber weder Stimmen außerhalb des Hauses, noch Kinderlachen in der Ferne zu hören. Telefonate auch mit besorgten italienischen Freundinnen machten mich nachdenklich, was werden wird. Ich war etwas überrascht, dass auch du dir Sorgen um Kroatien, deine Familie machtest. Von unserem Telefonat in der Zeit habe ich davon nichts mehr in meiner Erinnerung, sonst hätte ich dir gern Zuversicht gegeben und dir öfter zugehört.

An die Zeit in der DDR hat mich die Coronasituation nicht erinnert. Auch wenn vieles in der Zeit meiner geschilderten Erzählungen reglementiert war, es Vorschriften gab, die das sozialistische System angeblich festigen sollten. So sage ich dennoch immer wieder, dass ich eine schöne Kindheit hatte, dass ich hatte, was wichtig war, um sorgenfrei aufzuwachsen und mir nichts Elementares fehlte. Sicher, ein Außenstehender mag sagen, „weil du es nicht anders kanntest". Das ist korrekt und ja, vielleicht deswegen, doch dadurch ändert sich mein Gefühl für die Zeit damals nicht.

Ich spüre, für dich scheint es etwas anders gewesen zu sein, du hast negativere Erfahrungen in dir bewahrt und vielleicht war es auch wichtig für uns, dieses Buch zu schreiben, um diese Unterschiede zwischen uns bewusst zu sehen, obwohl beide Lebensgeschichten mit sozialistischem Hintergrund sind und auch Ähnlichkeiten aufzeigen. So spannend das Schreiben für mich ist, wie interessant ich unser erstes gemeinsames Projekt genieße, freue ich mich schon sehr, dir gegenüber zu sitzen und weitere Ausführungen deinerseits zu lauschen, von deinen Empfindungen zu hören und alte und neue Erinnerungen auszutauschen. Vielleicht entstehen dann weitere spannende Geschichten.

Auch heute wehre ich mich, die Geschäfte mit Maske zu betreten, komme keinem zu nahe, doch in die Zukunft mit dieser Einschränkung zu gehen, fühle ich mich nicht bereit. Mit diesem Virus umgehen und leben zu lernen, dass herausrauszufinden, scheint mir von enormer Wichtigkeit.

⌘

Liebe Astrid, ich glaube wir werden uns einig, dass das Coronavirus uns alle auf die gleiche Stufe stellte: wir sind machtlos, die Bewusstheit über eigene Verwundbarkeit ist gestiegen, manchmal sind wir verärgert, überrascht, enttäuscht und ich hoffe, irgendwie auch dankbar, dass es uns trotz allem gut geht und wir gesund sind.

Ich frage mich, ob wir nicht alle in Erwartung leben, dass die Welt zu den vorherigen Zustand zurückkehren wird, sobald die Coronakrise vorbei ist. Ist das die Sehnsucht nach Vergangenem? Wünschen wir uns nicht gewisse Veränderungen des vorigen Zustands, oder war das alles so toll in dem liberalen Kapitalismus und Demokratie? Wer wird, wann und nach welchem Kriterien beschließen, dass die Gesundheitskrise der Corona vorbei ist?

Viele Fragen bleiben offen bis die Zukunft, die dann Gegenwart sein wird, dir Antworten nicht anbietet und aus einer zeitlicher Distanz einen Rückblick ermöglicht, so wie wir den Rückblick auf unser Leben in diesen Werk niederschrieben.